미셸 오바마처럼
사랑하고 성공하라

# 미셸 오바마처럼 사랑하고 성공하라

정영순 지음

가림출판사

2009년 1월 20일, 미국 워싱턴 D. C.의 국회 의사당 앞에서 미국 제44대 대통령 취임식이 열렸다. 수백만 명의 사람들이 미국 최초의 흑인 대통령이 탄생하는 역사적인 현장에 함께하기 위해 몰려들면서 전례 없는 축제 분위기가 만들어졌고, 그 장면을 전 세계인이 바라보고 있었다. 그 날의 주인공인 오바마와 더불어 눈길을 놓칠 수 없었던 사람은 바로 미셸이었다. 미셸은 치열한 대선전을 치룬 오바마 캠프의 최고 전략 참모이자 유세 연설자였으며, 오바마를 대통령이 되게 한 일등공신이었기 때문이다.

겨우내 얼어붙은 땅을 뚫고 연한 새싹이 모습을 드러내면 이제 봄이 왔다는 것을 알게 된다. 한 알의 작은 씨앗은 자신만의 잠재력을 가지고 자신에게 주어진 가능성을 꽃 피우기 위해서 누구도 볼 수 없는 곳에서 자신의 때를 준비하며 생명을 싹 틔운다. 미셸은 지금 그 꽃을 활짝 피웠고, 세계는 이제 그 꽃을 바라보고 있다.

미셸은 미국 땅에서 살아가기에 최악의 조건이라 할 수 있는 흑인, 그것도 여성으로 태어났다. 시카고 남부의 흑인이 사는 가난한 동네에서 태어나서 자란 그녀는 수많은 불가능이라는 단어

를 과감하게 성공이라는 말로 바꾸었다. 백인과 부유층만의 전유물과 같은 프린스턴 대학을 졸업했고, 세계 최고의 하버드 대학 법과대학원에서 박사 학위를 받았다. 그리고 백인이 주류를 이루는 사회에서 성공한 여성 변호사로 우뚝 섰다.

미셸은 자신만의 꿈을 향해 앞으로 나아갔다. 주변 환경은 끝없는 벽으로 둘러싸인 것과 같았지만, 불꽃처럼 끓어오르는 꿈에 대한 갈망으로 그 모든 벽을 뚫고 말았다.

그 결과 미셸은 미국 역사상 첫 흑인 영부인이 되었다. 아무도 생각지 못했던 불가능을 가능이 되게 하였다.

이 책 속에서 미셸은 우리 모두를 향해 자신 있고 당당하게 큰 소리로 외치고 있다. 그 어떤 환경 가운데 있건 지금 그 자리에서 털고 일어나라고. 꿈을 향해 첫 걸음을 딛고 방해가 되는 벽은 뚫어버리라고. 만약 당신이 그 외침에 귀를 기울인다면 머지않아 미셸처럼 꿈을 이루고 당당하게 이 세상에 모습을 드러낼 것이다.

# 미셸 오바마, 그녀는 누구인가

미국의 제44대 대통령 부인인 미셸 오바마는 1964년에 이프리카계 미국 흑인인 아버지 프레이저 로빈슨과 어머니 메리언 로빈슨 사이에서 태어난다. 기계공인 아버지와 비서인 어머니 사이에서 미셸은 흑인들이 주로 거주하는 시카고 남부 지역의 소박한 환경에서 성장한다.

어릴 때부터 영리했던 미셸은 학교 성적도 탁월하여 한 학년을 월반하기도 하면서 휘트니 영 고등학교를 1981년에 졸업한다. 이어서 미국 명문 대학인 프린스턴 대학에서 사회학 전공 과정을 최고 성적으로 마치고, 하버드 대학 법과대학원에 들어가 박사 학위를 받는다.

미셸이 오바마를 만난 것은 그 후에 시카고에 있는 일류 법률 사무소 '시들리 앤 오스틴'에서 변호사로 있을 때다. 그녀는 인턴사원으로 들어온 오바마의 실습을 돌보게 된다. 오바마의 데이트 신청을 거절만 하던 미셸은 어느 날 그가 지역 공동체 모임에서 연설하는 모습을 보고 남자로서 매력을 느끼기 시작한다. 그 후로 두 사람은 점차 가까워져서 그로부터 3년이 지난 1992년에 결혼을 하기에 이른다. 그들 사이에는 두 딸, 말리아와 사샤가 있다.

미셸의 커리어는 비교적 다양하다. 시드니 앤 오스틴 법률 사무소에 있을 때는 소유권과 마케팅에 관련된 일을 담당한다. 결혼 후 오바마를 따라 사회사업에 뛰어들었을 때는 시카고 시장의 자문관이 되고 시청 도시 계획과 개발 부문 부부장직을 맡는다. 1993년에는 비영리 단체인 '퍼블릭 앨라이스'의 시카고 사무소의 행정 책임자가 되고, 1996년에는 시카고 대학으로 자리를 옮겨 대학 공동체 서비스 센터의 개발 부분을 담당한다. 그 후 시카고 대학 부속 병원의 부원장이라는 더 막중한 책임을 맡고 트리하우스푸드사의 감사위원으로도 일한다.

그러나 미셸은 남편인 오바마가 대통령 출마를 발표한 지 3개월만에 지금까지 자신이 쌓아왔던 커리어를 과감하게 접는다. 그리고 오바마의 대통령 선거전에 전면적으로 뛰어든다. 그 후 오바마가 대통령에 당선되면서 미국 제44대 영부인으로서 백악관에 입성한다.

# 1 자신의 잠재 가능성에 알파의 힘을 발휘하라

# 1

## 자신의 잠재 가능성에
## 알파의 힘을 발휘하라

# 자신의 무한한 가능성을 일깨워라

성공하는 사람과 실패하는 사람의 차이는 자신 속에 잠재된 가능성의 존재를 아는 것과 모르는 것에 있다. 자신의 가능성을 모르는 사람은 매사에 자신감이 없어 도전 앞에서 뒤로 물러나게 된다. 그 결과 그는 아무 것도 이룰 수 없게 된다. 그러나 자신의 가능성을 아는 사람은 그 어떤 도전도 당당하게 맞이하여 성공한다.

잠재 가능성은 펌프질을 계속 하여 땅속의 무한한 물을 품어내는 것과 같이 무엇인가를 추구함으로써 발휘된다. 지속적으로 자신이 진정 원하는 그 무엇을 향해 나아가는 사람은 그때마다 자신의 잠재력을 발휘하게 된다. 결국 잠재력을 최대한 발휘하는 사람은 성공할 수밖에 없다.

미셸 오바마는 백인들과는 직접적인 접촉이 드문 흑인들만이 모여 살고 있는 초라한 동네에서 자랐다. 그것도 흑백에 대한 인종 차별이 여전히 만연하던 1960년대 다른 흑인 아이들과 별반 다르지 않는 초라한 차림새를 한 작은 흑인 여자 아이에 불과했다. 그 아이가 미국의 영부인이 되어 백악관에서 살게 되리라고 상상할 수 있었겠는가?

미셸이 태어난 1960년대는 1955년에 일어났던 몽고메리 버스 보이콧 운동에 관한 기억이 생생하게 살아있을 때였다. 그 당시 몽고메리에서는 버스에 백인과 유색 인종이 타는 좌석이 나누어져 있었다. 경우에 따라서 유색 인종은 버스에 탈 수 없거나 버스에서 내려야 했다. 백인이 좌석에 앉아야 할 때는 당연히 자리를 비켜주어야 했다. 어느 날 버스를 타고 있던 아프리카계 흑인 여성 로자 파크스는 백인 승객에게 자리를 양보하라고 하는 운전사의 명령을 거부했다. 운전사의 신고로 로자 파크스가 경찰에 잡혀가게 되자 흑인 민권 운동은 더욱더 강력하게 번져나갔고 마틴 루터 킹 목사가 참여하면서 최고조에 달했다.

부모님의 세대를 거쳐 자신에게까지 이어지고 있는 인종 차별의 불합리한 사회 분위기 속에서 성장하고 있던 흑인 여자 아이 미셸은 성공을 갈망하고 꿈꾸게 되었다. 그리고 현재 도전에 도전을 거듭하여 마침내는 그 꿈을 성취했다. 미셸은 항상 자신의 현재에 만족하지 않고 좀 더 나은 미래를 향해 나아갔다. 그 결과 그녀는 삶의 단계마다 자신의 잠재 가능성을 마음껏 발휘했고, 지금의 성공을 이루어냈다.

물론 어린 시절 미셸은 자신에게 어떤 잠재 가능성이 있는지 알 수 없었다. 그 잠재력을 구체적으로 정립하여 펼치기에는 너무 어렸다. 흑인 여성으로서 성공한 역할 모델 또한 거의 없었기에 그런 꿈을 꾸기조차 어려웠다.

미셸은 흑인이지만 미국인이다. 미셸이 자라던 어린 시절, 미국은 엄청난 변화와 성장이 시작되었다. 특히 미셸이 태어날 즈음 존 에프 케네디 대통령은 '우리는 할 수 있습니다' 라는 말과 함께 미국에 변화의 시기가 도래했음을 소리 높여 외쳤고, 그 꿈을 향한 갈망을 미국인들의 마음속에 싹 틔웠다. 그 당시 누구도 상상하지 못했던 달 정복이라는 비전을 제시했고, 결국 모두가 불가능하다고 했지만 이루어내었다. 많은 부분 특정 시대가 그 시대 사람들에게 특정한 기회를 제공하는 법. 미셸은 그 격동하는 변화와 성장의 미국을 겪었고, 미국의 잠재력이 활짝 꽃을 피우기 시작하던 시절에 성장했다. 그리고 지금 그녀 역시 하나의 작은 미국으로서 자신의 잠재력을 꽃피우고 있다.

미셸은 삶의 단계마다 내면을 두드리는 갈망을 따라 갔다. 끊임없이 전진하며 그 무엇이 되어 갔다. 그 끝에 무엇이 있는지 상상할 수 없었지만, 적어도 주어진 환경이 자신을 끌어당기지 못하게 했다. 그 무엇도 자신을 막지 못하게 했다. 그리고 여린 싹이 겨우내 얼어붙은 땅을 뚫고 나오듯 자신의 한계를 뛰어넘는 도전을 했다. 도전을 한 단계 뛰어넘는 순간마다 도전의 크기만큼 잠재력이 발휘되었다.

미셸은 그러한 과정을 거듭하는 가운데 자신의 가능성에 자신감을 갖게 되었다. 자신의 출신과 환경에 안주하며 자기 속에 무엇인가가 잠재되어 있다는 것을 몰랐다면, 그래서 그것을 발휘하지 못했다면 지금의 그녀는 결코 존재하지 않을 것이다.

미국 최고 명문이며 흑인 여성이 발을 들여놓기란 거의 불가능하던 프린스턴 대학과 하버드 대하에 들어간 것만 보아도 그렇다. 미셸은 거기에 그치지 않고 우수한 성적으로 졸업하며 박사학위까지 받았으며, 미국 백인 사회에서도 최고의 직업군에 속하는 변호사가 되었다. 그리고 지금은 영부인이 되어 백악관으로 입성하는 쾌거를 올렸다.

얼마 전까지만 해도 이 세상은 미셸의 존재를 알지 못했다. 그러나 이제 전 세계가 백악관에 입성한 미셸을 보고 있다. 이룰 수 없는 가운데 그 많은 것을 이루어낸 힘을 그녀에게서 느끼고 있다.

미국에서 흑인으로서, 그것도 여성으로서 미셸이 백악관에 입성한 역사적인 사실 앞에서 우리가 이루지 못할 일은 없다는 것을 강하게 인식하기 바란다. 왜냐하면 미셸이 갖고 있는 가능성은 우리 모두에게도 존재하기 때문이다. 우리에게 잠재된 가능성을 발휘할 수만 있다면 지금 우리가 감탄하고 있는 미셸이 언젠가는 우리를 보면서 감탄하게 될 것이다.

# 가난한 흑인 여자 아이,
# 항상 최고를 추구하다

미셸이 태어난 1960년대 미국은 역사 속 갈등의 뿌리인 흑백 문제를 풀어야 한다는 사회적 분위기가 만들어지고 있었다. 그러나 그것은 여전히 풀어야 할 크나큰 숙제로 남아 있어 건드리기만 하면 곧 터질듯한 흑백의 갈등이 사회 곳곳에 도사리고 있었다. 미셸은 그러한 시기에 그것도 시카고 남부 흑인 빈민가에서 출생하여 자라났다. 그녀의 부모는 말할 것도 없고, 그녀 자신의 내면 깊은 곳에는 자신이 노예의 후손이라는 의식이 뼛속 깊숙이 들어 있었고, 또 그렇게 생각할 수밖에 없는 사회 분위기였다.

그러나 미셸의 부모님은 자신들의 삶을 주어진 환경과 분위기에 방치해 두는 그런 사람들이 아니었다. 최선을 다해 자신의 자리에서 열심히 살아가며, 자신의 일에 충실한 사람들이었다.

미셸의 아버지는 시청에서 상수 시설의 펌프를 관리했다. 30대부터 다발성경화증을 앓는 바람에 많은 힘든 시간을 보냈지만 자신이 하는 일에 철저해서 아픈 몸을 이끌고서도 일을 쉬는 적이 없는 성실한 사람이었다. 그러나 아버지의 병으로 미셸의 가족은 여러 가지 고통을 겪어야 했다.

미셸과 미셸의 오빠인 크레이그를 훌륭하게 양육한 사람은 결국 미셸의 어머니라고 할 수 있다. 미셸의 어머니는 전업 주부로서 가정에서 가족을 돌보았는데, 당시 자녀들은 어리고 남편은 직업이 있었기 때문이었다. 그러나 자녀들이 성장하여 교육 등으로 씀씀이는 커지고 남편은 병이 들었으므로 직업 전선에 뛰어들었다. 그녀는 슈피겔사의 비서로 일하면서 가정 경제를 책임지며 자녀들을 훌륭하게 키웠고, 병든 남편을 뒷바라지했다. 그 가운데서도 늘 안정된 가정을 유지하려고 노력했다. 오바마와 미셸의 부모 중에서 유일하게 그들의 백악관 입성을 바라보고 함께한 사람은 미셸의 어머니뿐이다.

미셸의 가족은 벽돌로 만들어진 주택의 이층에서 살았다. 네 식구에 방이 두 개였던 탓에 미셸과 크레이그는 한 방에서 지내야 했다. 그래서 각자의 공간을 만들기 위해 방 중간에 간이 벽을 만들어 사용했다. 침대는 놓아 둘 공간도 없었을 뿐 아니라 형편도 못되었기 때문에 집 전체에 딱 하나밖에 없었다.

과묵하고도 엄격한 아버지와, 자녀들에게 헌신하는 전형적인 주부였던 어머니를 가리켜 미셸은 자신의 가장 훌륭한 스승이라고 했다. 그 정도로 미셸의 부모님은 부지런하고, 독립적이고, 정직한 모습으로 자녀들에게 본을 보였다. 특히 그들은 자녀가 올바른 교육을 받는 것과 바른 생각으로 살아가는 것에 큰 가치를 두었다.

미셸의 부모님이 미셸이 어렸을 때부터 자주 하시던 두 가지 말이 있다. 첫째는 그 어떤 일 앞에서도 할 수 없다는 말을 하지 말라는 것이다. 할 수 없다는 말은 정말로 그렇게 되도록 한다는 것을 잘 알았기 때문이다. 둘째는 어떤 일을 시작하기 전에 혹 잘못 되지 않을까 미리 염려를 하지 말라는 것이었다. 일이 되고 되지 않고는 걱정한다고 달라지지 않을 뿐더러 오히려 염려가 일을 그르치게 할 수도 있기 때문이다. 이러한 부모님의 교훈은 미셸이 인종 차별을 이겨내고, 자신의 길을 꾸준히 개척할 수 있었던 강력한 길잡이와 힘이 되었다.

미셸이 태어날 당시는 인종 분리가 해소되고 있는 분위기였기 때문이기도 했지만, 부모님의 자녀에 대한 교육열은 미셸에게도 교육의 중요성을 심어주었다. 미셸은 항상 최고를 추구했다. 최고를 추구할 환경과 분위기였기 때문이 아니라 그렇지 않은 가운데 최고를 추구했기에 오늘의 미셸이 탄생되었다.

누구도 불가능하다던 미국 명문 프린스턴 대학과 하버드 대학을 미셸은 당당히 입학하여 졸업했고, 오빠 크레이그 역시 장학생으로서 프린스턴 대학을 나왔다. 어려운 환경 속에서 부모는 최선을 다해 자녀를 양육했고, 자녀들은 주어진 환경에서 최선을 다해 삶을 살았다. 그 결과는 성공이었다.

백인이 주류를 이루는 미국 사회에서 보이지 않지만 엄연히 존재하고 있는 흑백의 장벽을 뛰어넘는다는 것은 흑인 미셸에게는 도전 중에 도전이었다. 미국은 흑인에게 용납되는 영역에 한계가 있었으므로 미셸은 내면적인 투쟁을 하지 않을 수 없었다. 갈망을 따라 한계를 뛰어넘는 삶의 투쟁은 그야말로 마치 매 순간 조개가 자신의 살 속에 박힌 모래 알갱이 때문에 생기는 아픔을 이기기 위해 진액을 짜내는 것과 같았을 것이다. 그러나 그 아픔과 인내의 시간이 있었기에 미셸은 강인한 성품으로 자라나 미국에서 가장 아름다운 흑진주로서 모든 사람들에게 찬란하게 돋보이고 있다.

역경은 사람을 성숙시키는 매개체가 된다. 역경을 딛고 일어서려는 태도가 잠재력을 맘껏 발휘하게 하는 매개체가 되기 때문이다. 조개 또한 모래 알갱이가 살 속에 박히지 않는다면 진주를 얻을 수 없는 그저 평범한 하나의 조개로 머무르고 말 것이다.

어려움이 없는 환경에서 자라나 순탄하게 성공한 사람도 있다. 그러나 좋은 환경에서 이룬 성공과 어려움 속에서 거둔 성공은 확연한 차이가 있다. 불리한 환경에서 내적인 성숙을 거듭하며 이룬 성공은 외적 조건이 어떠하건 변함이 없고, 오히려 외적인 것들이 방해할수록 더욱더 아름다운 보석처럼 빛나기 때문이다.

당신은 아름다운 보석과도 같은 사람이기를 원하는가? 흑진주도 처음에는 모래 알갱이에 지나지 않았다. 당신이 어떠한 보석이 되어갈지는 아무도 모르지만, 확실한 것은 당신의 내부에 엄청난 잠재력이 존재한다는 것이다.

보석과 같은 존재가 되기에는 주변 환경이 너무 열악하다고 생각될수록 앞날의 비전을 생각하라. 행동이 뒤따른다면 환경이 더 열악할수록 잠재 가능성을 더 많이 발휘할 수 있다. 당신이 성공하는 날을 눈앞에 그리며 기뻐하라. 성공을 기대하며 노력하는 자에게는 언젠가 그 날이 다가오고 말 것이다.

# 불가능을 넘어
# 최고의 명문대를 가다

아무리 자신에게 무한한 잠재력이 있다고 해도 그것을 발휘하지 않으면 아무런 소용이 없다. 어떤 환경 가운데 있어도 최상의 것을 이루겠다고 결단하라. 그리고 그것을 행동에 옮기라. 긍정적인 생각과 행동 앞에 열악한 환경은 결국 힘을 잃게 될 것이다.

미셸은 어렸을 때부터 항상 자신의 환경을 한발자국 뛰어넘으려는 갈망을 갖고 있었다. 그리고 그 환경을 뛰어넘기 위해 행동했다. 그녀의 출신과 환경만을 바라보는 사람들은 미셸이 무엇인가를 도전하려고 할 때마다 의문을 제기했다. 그러나 미셸은 모두가 불가능하다고 해도 부정적인 생각을 뒤로 하고 자신이 원하는 것을 이루어내었다.

미셸은 영특해서 미국의 여느 어린 아이와는 달리 4살 때 이미 글을 읽고 쓸 줄 알았다. 학교에서는 학습 능력이 뛰어나 2학년

때 월반을 하기도 했다. 그 때문에 고등학교를 다른 친구보다 일 년 일찍 졸업했다.

미셸이 단지 머리가 좋거나 영리하기 때문에 다른 아이들보다 앞선 것은 아니었다. 미셸은 집념이 강했고 다른 사람에게는 지고는 못 견디는 성격을 가지고 있었다. 그것은 무엇을 이루어내고자 하는 동기를 부여하는 긍정적인 욕심이라 해도 좋다.

미셸에게 오빠 크레이그는 늘 자신보다 앞서서 뭔가를 이루어낸 인물이었다. 사실 미셸이 프린스턴 대학에 들어가고 싶었던 이유 중에서 큰 부분은 프린스턴 대학에 다니는 오빠에게 지고 싶지 않았던 심리 때문이다. 농구 시합에서 한 번도 오빠를 이겨보지 못한 미셸이 다시는 오빠와 농구를 하지 않았다는 것만 보아도 절대로 남에게 지기 싫어하는 성격을 잘 알 수 있다.

오빠인 크레이그가 흑인으로서 프린스턴 대학에 들어간 것은 대단한 일이었다. 그런데 흑인 여자인 그녀가 백인과 특수 계층만이 들어가는 곳으로 정평이 나 있는 미국의 최고 명문 가운데 하나인 프린스턴 대학에 입학한다는 것은 상상하기도 힘든 일이었다.

미셸의 입학을 상담한 진학 담당자는 미셸의 성적을 이유로 들어서 그 대학에 입학하는 것을 포기하라고 단호히 권유했다. 미셸은 자신의 성적도 이유가 될 수 있지만 더 큰 이유는 다른 데 있다는 것을 알고 있었다.

미셀은 그 입학 상담관의 말에 좌절감을 느꼈다. 부모님의 보호막 아래에서 고등학교를 졸업하는 것은 그렇게 어렵지 않았다. 그러나 대학에 입학하려는 순간 보이지 않는 강력한 벽에 부닥치게 되었다. 그 벽을 어떻게 뚫어야 하는지 방법도 알 수 없었다.

미셀은 굴하지 않았다. 자신이 원하는 것을 분명히 깨달았고, 뜻이 있으면 길은 있다는 사실을 믿고 발을 내디뎠다. '할 수 없다는 말을 하지 말고, 어떤 도전 앞에서도 두려워하지 마라' 는 부모님의 교훈은 이미 미셀이 인생을 성공하게 하는 큰 가치관이 되어 있었다. 결국 미셀은 프린스턴 대학에 당당하게 입학하여 좋은 성적으로 졸업했다.

그때의 경험은 하면 된다는 자신감을 미셀에게 더욱더 강력하게 심어주었다. 자신감은 그 다음의 두꺼운 벽을 뚫고 나가는 강력한 힘을 제공한다. 그러나 현재의 어려움을 뚫고 나가는 힘은 저절로 생기는 것이 아닌 법.

미셀은 늘 흑인에 대한 인종 차별과 여성이라는 성 차별, 그에 따라 생긴 계급에 대한 갈등을 겪어야 했다. 그녀는 그 가운데서 자신이 살아가는 법을 터득했다. 그것은 갈망을 따라 행동하는 것이다. 그렇게 길러진 힘은 백악관의 단단한 문도 무너뜨리게 했다.

프린스턴 대학을 다니면서 그녀는 자신이 흑인이라는 것을 더욱더 깊이 인식해야 했다. 하얀 도화지 위에 그려진 검은 점은 더 도드라지게 보이는 법. 백인 사회라고 할 수 있는 프린스턴 대학을 다니면서 미셸은 자신이 흑인이라는 사실을 더 확실히 인식하게 되었다. 프린스턴 대학이 공적인 제도로 흑인에 대한 인종 차별을 했기 때문은 아니다. 그러나 그 대학을 흑인 여성이 다닌다는 것은 결코 예사로운 일은 아니었다.

미셸의 가슴속에서 자신의 뿌리는 흑인 노예라는 사실을 떨쳐 버릴 수 없듯이 백인 학생들 역시 조상 대대로 그렇게 살았기 때문에 자신들이 흑인보다 우월하다는 생각을 가지고 있는 것은 어쩌면 당연할지도 모른다.

그런 만큼 미셸은 백인 학생들에게서 차별의 눈길을 의식하지 않을 수 없었다. 은연중에 백인 학생들은 흑인 학생들이 소수 민족을 위한 우대 제도 덕분에 특별 대우를 받고 그 대학에 들어왔다고 생각했다. 미셸 역시 그들의 공공연한 눈총을 느꼈고, 그에 대한 갈등 역시 적지 않았다.

대학에 들어오기 전까지만 해도 미셸은 시카고 남부의 흑인 거주 지역에서 흑인 이웃과 함께 살았다. 흑인 학교를 다녔고, 흑인 친구와 지냈다. 그래서 자신이 흑인이라는 것에 대해서 그렇게 큰 정체성의 문제나 흑백의 갈등을 겪지는 않았다. 그러나 백인이 주로 다니는 대학을 다니면서 자신이 흑인이라는 사실을 더욱더 강하게 느껴야 했다.

프린스턴 대학의 신입생이 되던 해 미셸에게는 자신이 흑인이라서 백인과 다른 대우를 받아야 하는 현실을 피부로 느끼게 된 사건이 있었다. 그녀는 기숙사에서 다른 백인 학생과 함께 방을 쓰기로 되어 있었다. 그런데 자신의 딸이 흑인과 방을 같이 쓰게 된 것을 알게 된 백인 학생의 어머니가 학교 담당 부서로 찾아가서 딸의 방을 옮겨달라고 했다. 그때 그 어머니가 한 말은 뒤늦게 알게 되었지만 미셸에게는 큰 충격이었다. '흑인은 도무지 신뢰할 수 없다'는 말이었다.

미셸은 '프린스턴 대학의 흑인 졸업생들과 흑인 공동체'라는 제목으로 자신의 전공인 사회학 졸업 논문을 썼다. 인종에 대한 갈등과 문제는 졸업 논문에 다룰 만큼 그녀에게 큰 문제 의식을 불러일으켰다. 흑백 인종 문제에 대해 연구할 필요성을 느꼈을 뿐 아니라 대학 생활을 하는 내내 깊이 인식하고 직접 경험했던 것이었기에 논문 주제로 선택하기도 쉬웠다.

미셸은 자신이 프린스턴 대학의 일원이 아니라 어디까지나 방문객에 지나지 않는다는 것을 거듭 느껴야 했다. 프린스턴 대학을 졸업하고 들어간 하버드 대학 대학원에서도 미셸은 자신이 백인과는 다른 흑인이라는 것을 또렷이 각인해야 했다. 그것은 백인이 주류인 사회에서 흑인으로서 정해진 테두리 속에 머물러야 한다는 억압과도 같았다. 그러나 미셸은 그 사회가 만들어준 테두리를 깨뜨리고 자신이 원하는 것을 당당히 이루어내었다.

이렇게 미셸은 마치 길도 없는 거친 숲을 헤치고 나오듯 자신의 삶을 개척해나갔다. 흑인으로서, 여성으로서 미국 땅에서 거친 숲과 같은 환경을 헤쳐나 올 수 있었던 것은 무엇 때문이었을까? 그곳에서 벗어나고 싶다는 갈망 때문일 것이다. 미셸은 자신이 처한 환경을 벗어날 수 있다는 믿음을 성공을 이룰 때마다 키워나갔다. 그리고 행동하였다.

사람들이 미셸을 보고 있는 것은 아름다워서가 아니다. 아름다운 여성은 할리우드에 널려 있지 않은가? 지금 미국이 그녀를 향해 눈길을 돌리고 있는 것은 삶 속에서 단련된 모습 때문이다. 그녀가 성공한 모습에서 자신도 원하는 것을 할 수 있다는 소망을 품을 수 있기 때문이다. 미셸에게서 미래의 자신에게 보내고 싶은 환호성을 들을 수 있기 때문이다.

# 최고를 향한 멈추지 않는 열정으로
# 최고의 직업적 성공을 이루어내다

세계 최고의 바이올린은 이탈리아인 안토니오 스트라디바리가 제작한 '스트라디바리우스'이다. 바이올린을 연주하는 사람이라면 누구나 가지고 싶어 하는 이 악기는 제작한 지 300여 년이 되었지만, 품질이나 연주에 필요한 어떤 부분에 있어서도 현대 기술로 만든 그 어떤 바이올린에 비할 수 없이 탁월하다. 한 대에 수십억 원을 부르는 명품 중의 명품이다 보니 제작 과정에 대해 많은 과학자들과 악기 제작자들이 끊임없이 연구해 왔다.

그런데도 천상의 소리를 내는 스트라디바리우스의 탄생은 여전히 풀리지 않는 비밀로 남아 있다. 그 소리는 우연히 만들어진 것도 아닐 것이요, 한두 가지 요소로 만들어진 것도 아닐 것이다. 환경과 조건이라는 배경이 있었겠지만, 무엇보다 그것을 만드는 과정마다 쉽게 만족하지 않고 자신이 원하는 최상의 소리를 만들기 위한 제작자의 멈추지 않는 열정과 헌신이 있었을 것이다.

 남들이 부러워하는 대학에서 학위를 받는 등 높은 학력을 소유했다고 해서 완전한 사회인으로 서게 되는 것은 아니다. 사회의 어느 분야에서 쓰임을 받고, 기여를 할 때 사회인으로서 기본적인 토대가 마련되었다고 할 수 있다. 이는 건물을 지을 수 있는 기본 골격을 만든 것과 같고, 재료가 되는 돌을 마련하여 초벌 조각을 한 것과 같으며, 작가가 초벌 저술을 한 것과 같다. 그 후에는 세밀한 작업을 통해 그 모든 것을 쓸만한 것으로 만들어 나가야 한다.

 초벌 작업은 누구나 어렵지 않게 할 수 있다. 더구나 대부분 사람들은 사회생활을 시작하기 전에는 부모님이라는 보호막 아래서 교육을 받으며 지내기 때문에 개인적으로 그리 큰 위험 부담을 지지 않아도 된다. 거기까지는 누구나 별 차이가 없다. 그러나 거기서부터 시작하여 자신의 삶을 어떻게 만들어가느냐에 따라서 성공하는 사람과 실패하는 사람의 길이 완연하게 갈라진다.

 기본적인 교육을 받은 것에 머무는 사람은 마치 초벌 작업만 한 채 자신을 그대로 내버려두는 것과 같다. 그런 사람은 그저 그런 보통 사람이 될 뿐이다. 그러나 초벌 작업을 바탕으로 해서 삶의 광채를 발하기 위해 노력하는 사람은, 그저 그런 수준에 만족하지 않고 원하는 삶을 위해 끝까지 노력을 하는 사람은 최상의 삶을 살게 된다.

미켈란젤로는 시스티나 성당의 천장화를 그릴 때 4년 동안이나 그 성당에서 두문불출한 채 그림을 그리는 데만 집중했다. 한 친구가 천정화의 모든 세밀한 부분까지 정성을 들여 그리고 있던 미켈란젤로를 보고 물었다.

"이 사람아, 잘 보이지도 않는 구석까지 그렇게 정성을 쏟으며 그림을 그리나? 거기까지 완벽한지 누가 알겠나?"

그 말에 미켈란젤로는 대답했다.

"바로 내가 알고 있지."

미켈란젤로가 그렇게 자신의 작품에 정성을 들이지 않았다고 해도 여전히 사람들은 그의 작품이 훌륭하다고 감탄할 것이다. 그러나 미켈란젤로는 어떤 부분이 부족한지 잘 알기 때문에 자신의 작품에 감탄할 수 없을 것이다. 스스로 최선을 다하는 삶에는 후회가 없다. 그 사실을 누구보다 자신이 잘 알기 때문이다. 그런 사람은 외적으로 어떻게 보이든 최상의 것을 이루고 성공한다.

대학을 성공적으로 마친 미셸에게도 역시 사회인으로 광채를 발할 때가 찾아왔다. 처음에는 그 광채가 사람의 눈에 잘 뜨이지 않겠지만 최상의 삶을 선택하여 매진할 때 사람의 눈에 뜨이지 않을 수 없다.

미셸은 자신의 고향인 시카고로 돌아가서 유명한 변호사 사무소인 '시들리 앤 오스틴'에 취직하여 변호사로 활동했다. 바로 거기서 자신의 인턴사원으로 입사한 오바마를 만나 3년 후에 그와 결혼했다.

결혼과 동시에 변호사 사무소를 그만두고 남편을 따라 사회사업에 뛰어든 그녀는 시카고 시장의 자문관이 되고 시청 도시 계획과 개발 부문에도 책임직을 맡았다. 그 후 '퍼블릭 앨라이스'라고 하는 비영리 단체의 시카고 지부를 만들어서 행정 책임을 맡으며 이사로 활동했다. 시카고 대학으로 자리를 옮긴 뒤에는 그 대학의 지역 업무 담당 책임자가 되었다. 그리고 2005년에는 시카고 대학 부속 병원의 부원장이 되었다.

미셸의 직업을 보면 결코 한 곳에 머무르지 않았던 것을 볼 수 있다. 계속적으로 자신의 활동 범위를 넓혔고, 영향력을 넓혀 나가면서 점점 성공적으로 자신만의 커리어를 만들어나갔다.

물은 작은 골짜기에서 얕은 내를 지나 강으로 흘러간다. 그리고 급기야 바다에 다다른다. 그처럼 사람도 환경과 시대가 변하면서 있어야 할 곳, 기여해야 할 곳이 달라진다. 그 흐름을 좇을 때 사람도 점점 성장해나간다.

자신의 커리어를 성공적으로 닦아나갈 때 세상은 미셸을 보기 시작했다. 2006년에 미셸은 『에센스』라는 잡지에서 뽑은 '세계에서 가장 영감 있는 여성 25인'에 포함되었다. 2007년에는 미국의 유명한 잡지인 『베니티 페어』에서 선발한 '세계에서 가장 옷을 잘 입는 여성 10인'에 포함되는가 하면 『02138』지에서 선정한 '가장 영향력 있는 하버드 대학 동문 100인' 중에서 58위를 차지하기도 했다. 그렇게 미셸은 자신만의 독특한 길을 개척해 나갔다.

그러나 미셸은 자신이 닦아온 직업을 그만두는 결단을 했다. 오바마의 대통령 출마 선언과 함께 직접 선거 운동에 뛰어들기 위해서였다. 오바마의 대통령 출마 선언은 바로 미셸의 영부인 출마 선언과도 같은 의미가 있다.

미셸은 오바마가 민주당 대통령 후보 경선에서 힐러리와의 경쟁에서 이기고, 급기야 민주당 대통령 후보가 되도록 선거 운동에 적극적으로 가담했다. 그리고 공화당 대통령 후보인 존 매케인과의 경쟁에서 오바마가 압도적으로 승리하는 쾌거를 올리도록 도왔다. 그런 그녀는 결국 미국 제44대 영부인의 자리에 앉게 되었다.

미셸은 직업적으로도 성공했다. 그러나 모든 대로가 활짝 열려 있었던 것은 아니었다. 그 모든 과정에 보통 사람보다 더욱 큰 벽이 있지만, 미셸은 그것을 뚫고 자신의 일을 최상의 것으로 이루었다.

★ 당신 안에 무한한 잠재력이 잠자고 있다. 그 잠재력을 하나씩 끄집어내어 인생을 성공하기 위한 씨앗을 뿌려라.

★ 당신의 환경은 성공을 위한 디딤돌이다. 그 환경을 딛고 도약하여 최고의 성공을 향해 가라.

★ 자신이 원하는 바를 향해 굳건하게 나아가라. 뒤돌아보지 않고 끝까지 나가면 성공이 당신을 기다리고 있을 것이다.

★ 한 번 시작했으면 마침표를 찍을 때까지 결코 멈추지 마라. 마침표가 없으면 완성도 없다.

# 2

## 가능성을 현실로 만들어라

Michelle LaVaughn

Obama

# 오바마의 가능성에 마음이 끌린 미셸, 그 선택은 탁월했다

사실 여자든 남자든 살면서 누구를 만나느냐에 따라서 삶이 많이 달라진다. 사람은 누구나 서로 영향을 받기 때문이다.

미셸이 영부인이 된 것은 오바마가 대통령이 되었기 때문이다. 그러나 대통령이 될 오바마를 선택한 것은 미셸이다. 그녀가 장차 큰일을 하게 될 재목을 알아보고 선택한 사실도 오바마가 대통령이 된 것 못지않게 중요하다.

미셸은 직업적인 면으로 보면 이미 사회적으로 성공한 남자를 만날 수도 있는 위치에 있었다. 그러나 당시에 그녀가 선택한 오바마는 변호사로서 선망받는 직장에서 사회적 성공을 이루는 것보다 봉사활동에 더 많은 관심을 가지고 있었으며, 아직 그 분야에서도 완전한 성공을 이루었다고는 볼 수 없고, 단지 가능성만을 가지고 있었다.

"

그러한 오바마를 선택한 것을 보면 미셸의 가치관이 어디에 있는지를 알 수 있다. 사람은 자신과 같은 가치관을 가진 사람에게 끌리는 법이기 때문이다.

지금은 대통령인 오바마가 미셸보다 더 주도적인 위치에 있지만 그들이 변호사 사무소에서 처음 만났을 때에는 오바마가 미셸의 실습생이었다. 오바마는 키가 시원스럽게 크고 멋스러우며 매너 있는 미셸에게 좋은 인상을 받았다. 힘든 환경에서도 잘 성장하여 자신의 길을 닦아나가고 있고, 차분하게 일하면서 기회가 있을 때마다 활짝 웃음을 터뜨리는 미셸에게 마음이 끌렸다. 그리고 그녀의 두 눈에서 표현할 수 없는 어떤 힘을 느꼈다.

실습으로 미셸과 마주칠 기회가 많았던 오바마는 날이 갈수록 그녀에 대해 알아갔다. 그녀가 힘든 가정환경 가운데서 자랐고, 아버지의 병으로 가족들이 많은 희생을 치러야 했는데도 서로를 이해하고 희생하면서 안정된 가정을 이루어 나가고 있는 모습은 감동적이었다. 그리고 미셸의 미소 뒤에 숨겨진 안정감은 큰 어려움을 딛고 일어선 후 내면의 힘에서 나온 것임을 알게 되었다.

오바마는 미셸의 가정을 알게 되면서 자신의 가정에서 느껴보지 못한 분위기를 느꼈다. 그는 아버지가 없는 가운데 홀어머니 아래서 성장했고, 또 어머니마저 없는 가운데 외조부모님과 생활했다. 그런 그의 가정은 어딘가 붕 떠 있는 듯한 분위기였다. 오바마는 행복하고 평온하게 보이는 미셸의 가정을 접하면서 안정된 가정에 정착하고 싶은 마음이 일깨워졌다.

이 모든 것들은 오바마에게 미셸이 한 여성으로서 끌리게 하였다.

오바마는 미셸에게 데이트를 신청하는 등 관심을 보였지만 미셸은 직장 후배인 오바마에게 남성으로서 관심을 보이지 않았다. 어린 시절을 인도네시아에서 보냈다는 이야기와 복잡한 가정환경은 물론, 오바마의 이름까지도 이상하게 여겨졌기에 그의 데이트를 받아들일 정도로 마음이 열리지 않았다.

그런 가운데 미셸은 어느 날 오바마의 초대를 받고 오바마가 직장생활과 더불어 활동하고 있던 공동체의 모임에 참석하게 되었다. 그리고 그곳 지하 교회에서 오바마가 자신의 일에 대한 소신과 강한 의지를 가지고 열정적인 모습으로 흑인 지역 사회 주민들에게 하는 연설을 듣게 되었다.

오바마는 흑인 지역 사회는 지금까지 모습으로는 살아갈 수 없으며 변화해야 하며, 변화에 대한 희망을 가져야 한다고 했다. 그 내용은 미셸의 가슴에 그대로 파고들었다. 미셸이 숙제처럼 가지고 있었으나 구체적으로 표현할 수 없었던 변화에 대한 메시지를 오바마가 시원하게 내뱉어주었기 때문이다.

큰 감동을 받은 미셸은 오바마를 이전과 달리 보기 시작했다. 그리고 그때부터 오바마에게 끌리기 시작했다. 미셸은 오바마를 통해 미국 사회에서 흑인 여성이 감히 생각도 할 수 없었던, 그러나 가슴 깊숙이 갈망하고 있던 넓은 가능성의 세계에 눈을 뜨게 되었다. 그러나 그것을 좇아가려면 너무나 많은 것을 포기하고 위험을 감수해야 한다는 것을 깨닫게 되었다.

오바마를 통해 자신의 삶에 대한 새로운 가능성의 열망이 싹트고 있던 즈음에 미셸은 아버지와 친구의 죽음을 맞이하게 되었다. 사랑하는 사람들의 죽음은 미셸로 하여금 자신의 삶을 재조명해보는 획기적인 계기가 되었다.

사회적 성공과 부를 최고의 목표로 생각하면서 자신의 커리어를 따라가는 것에 집중했던 그녀는 자신에게 진정으로 의미 있는 삶이란 무엇일까에 대해 고민하기 시작했다.

미셸은 자신에게 가능성의 지평을 활짝 열어준 오바마를 생의 파트너로 맞이하기로 했다. 결혼과 함께 미셸은 변호사 사무소를 그만두고 오바마를 따라 지역 사회 봉사 활동을 위해 사회사업에 뛰어들었다. 변호사라는 안정된 직업을 그만두고 사회사업을 한다는 것은 동시에 경제적인 문제가 따름을 말한다. 그것 때문에 잠시 망설이기도 했지만 오바마는 적은 액수의 수입이라해도 아끼면 규모 있게 살아갈 수 있지 않겠느냐고 미셸을 위로하며 설득했다.

오바마는 부자가 되지는 못해도 흥미로운 삶을 살게 해주겠다고 미셸에게 약속했다. 미셸은 그 제안을 받아들였다.

미셸은 미국 땅에서 흑인 여성이 살아가는 삶을 잘 알고 있다.

흑인 여성이 결혼을 한 후에 어떠한 삶을 살아가고 있는지 수도 없이 보아왔기 때문이다. 그들 앞에 어떠한 벽이 자리 잡고 있는지도 알았고, 그것을 뚫기에는 너무나 큰 도전과 어려움이 따른다는 것도 알고 있었다.

그러나 오바마와 같은 정신을 가진 사람과 함께한다면 그 벽을 깨뜨릴 수 있을지도 모른다는 희망의 빛을 분명하게 보았다. 오바마는 미국 국민에게 그 변화와 희망의 꿈을 심어주기에 앞서 미셸에게 그 꿈을 심어주었다.

미셸은 단순히 한 남자가 아닌 그가 가지고 있는 가능성을 보고 결혼했다. 미국 국민들이 오바마를 선택해서 이제 미래에 대한 가능성의 세계로 함께 항해를 시작했듯이 미셸 역시 오바마를 선택하여 자신의 미래에 대한 가능성의 세계로 출발한 것이다.

사람을 볼 때는 미셸처럼 그 속에 있는 가능성을 보는 시각이 중요하다. 현실에 가려진 눈을 뜨고 인간의 내면을 들여다보는 이해와 통찰력이 있다면 그가 가진 가능성을 볼 수 있을 것이다.

자기 속에 있는 가능성을 모르는 사람은 다른 사람의 가능성을 알아보는 눈도 어둡다. 미셸은 자신의 가능성을 알았기 때문에 오바마가 어떠한 사람이 될 것이라는 것을 알았을 것이다.

미셸은 남자로서 매력에 앞서서, 현재 사회적 지위나 경제적 능력에 앞서서 오바마에게 있는 내면의 힘을 보고 그를 평생을 함께할 배우자로 선택했다. 사람의 눈으로 보고 손으로 잡을 수 있는 것은 유한하지만, 사람의 내면에 있는 힘은 무한하다. 눈에 보이지 않는 것을 잡을 줄 아는 사람이 진정으로 성공할 수 있다.

# 오바마의 가능성에 불을 지피다

우리는 아무도 우리가 어떻게 살게 될지를 알지 못한다. 다만, 지금의 상황에 비추어보아 추측을 할 따름이고 어떤 가능성에 대한 그림을 그려볼 뿐이다. 그리고 그 그림을 따라서, 가능성을 따라서 자신의 길을 갈 뿐이다. 그러면 그 보이지 않던 가능성이 보이는 것으로 나타나게 된다.

땅 속에 있는 씨앗은 볼 수 없지만, 그 씨앗 속에 숨은 가능성은 때가 되면 땅 위로 모습을 나타낸다. 줄기가 자라고 잎을 만들고 꽃을 활짝 피우면서 하나의 완벽한 식물이 되어 모습을 완전히 드러낸다. 그뿐 아니라 열매를 맺어 주변에 좋은 영향을 주며 다음 때를 준비한다.

미셸은 자신만을 위하지 않고 사회를 위해 더 큰 일을 하려는 오바마의 가치관과 자신의 생각이 맞아떨어졌기에 같은 삶의 노선을 걷기로 했다. 오바마가 추구하는 변화에 대한 희망을 미셸도 가지게 되면서, 흑인 여성으로서 살아가는 내내 부닥쳤고 힘겹게 깨뜨려야 했던 삶의 장벽을 무너뜨릴 수 있다는 가능성을 엿보았다. 그뿐 아니라 자신과 같은 처지에 있는 사람들을 도울 수 있을 것이라고 생각했다.

그러나 미셸은 오바마가 상원의원이 되어 주중에 시카고를 떠나 워싱턴에서 머무르게 되면서 자녀 양육이나 부부생활 등 가정생활에 차질이 생기자 남편의 정치 활동이 맘에 들지 않았다. 당시만 해도 미셸은 정치에 대해 별 관심이 없었을 뿐 아니라 부정적인 생각까지 하고 있었다. 특히 그녀는 어릴 때부터 주변에서 많은 흑인 여성들이 혼자 자녀를 키우며 일하는 힘든 상황을 많이 보아왔는데 그것은 변화되어야 할 부분이라고 생각했기 때문이다. 그리고 자신이 그런 상황이 되는 것이 싫었다.

그런 미셸에게 오바마가 대통령 선거에 출마하겠다고 하는 것은 달가운 일이 아니었다. 그녀에게 중요한 것은 생활이었기 때문이었다.

남편의 대선 출마를 위해 아내인 자신의 결단이 필요했을 때 오바마의 큰 꿈을 알고 있던 미셸은 대통령 출마가 무모한 것은 아닌지 확인했다. 오바마의 출마를 돕는 선거 캠프에 요구하여 선거 운동 계획과 예산을 살펴보며 오바마가 대통령에 당선될 가능성을 타진하고 나서야 남편의 대선 출마를 허락했다. 그 결단에는 하나의 조건이 따랐다. 오바마가 담배를 끊는 것이었다.

오바마는 미셸과 키스할 때 초콜릿 맛이 났다고 그의 자서전

『담대한 희망』에 고백하고 있다. 그러나 미셸은 오바마와의 키스에서 담배 냄새를 맡았을지도 모른다. 오바마를 남편으로 선택할 때 미셸은 남편에게 해야 할 한 가지 숙제를 갖고 있었다. 그것은 담배를 끊게 하는 것이었다.

미셸은 부모님이 흡연을 하는데다 딸 말리아가 천식을 앓고 있어서 흡연에 대해 민감했다. 오바마는 미셸이 바라는 대로 딸들 앞에서만은 절대로 담배를 피우지 않았지만 담배를 끊지는 못했다. 그런 미셸이 이제는 한 가지 제안을 했다. 그녀가 대통령 출마를 허락하는 대신 오바마가 담배를 끊는 것이었다. 흡연자가 되든지 아니면 대통령이 되든지 하나를 선택하라고 단언한 것이다. 금연을 하겠노라는 약속을 받아낸 미셸은 그때부터 오바마를 적극적으로 돕기 시작했다.

그 당시 미셸은 시카고 대학 병원의 부원장으로서 상원의원인 오바마보다 훨씬 더 많은 연봉을 받고 있었다. 그러나 미셸은 모든 여성들이 선망하는 그 자리를 박차고 나와서 오바마의 선거 유세를 돕기 시작했다.

미셸은 떠날 때와 가야할 때를 아는 여성이다. 지금은 아무것도 손에 잡히고 보이는 것이 없다 하더라도 자신이 확신하는 가능성에 모든 것을 던지는 용기도 지녔다.

미셸은 한 가지를 선택할 때면 확실하게 결단했다. 자신의 커리어에 미련을 두지 않았다. 오바마에게서 그보다 큰 가능성을 보았기 때문이다.

미셸은 또한 무모함에 뛰어들지 않는 여성이다. 그녀는 모든 가능성을 타진한 후 선택하고 그 선택에 자신의 인생을 걸듯 매진했다.

그때부터 미셸은 남편 오바마는 대통령이 되고 자신은 영부인이 되는 목표를 세웠다. 그 후로 그녀가 해야 할 일은 오바마의 선거 운동을 적극적으로 돕는 것이었다.

미셸은 오바마의 가장 측근 자문으로서 지속적으로 오바마와 선거 전략에 대한 대화를 나누었고, 오바마의 연설문을 교정했다. 학창 시절 단편 소설 쓰기가 취미였던 그녀이기에 연설문 교정도 능숙하게 할 수 있었다. 또한 자신이 대통령의 아내가 될 수 있다는 이미지를 사람들에게 그려주기 위해서 자신의 외적인 모습도 관리하기 시작했다.

미셸은 전형적인 영부인의 이미지를 답습하지 않았다. 그 대신 어떻게 하면 자신의 개성을 살리면서도 사람들에게 점차적으로 영부인 후보로 인정받을 수 있을까 고민하고 계획했다. 영부인 후보라는 사실 때문에 국민들에게 거리감을 주지 않기 위해서 그녀는 국민들에게 공감대를 형성하는 이미지를 만들었다. 모든 것을 면밀한 의도 아래 한 것은 아니다. 그것이 미셸의 본 모습이기도 하기 때문이다.

미셸은 오바마의 선거 유세에 동반해서 오바마의 연설을 듣거나 함께 연설을 하기도 했다. 대선 열기가 뜨거워지자 미셸은 단독으로 선거 유세에서 연설을 자주했다. 오바마는 지성인으로서 절제되고 간결한 언어로 자신의 메시지를 강력하게 전달한 반면, 미셸은 유머를 섞어 연설했다. 대중과 먼 그런 사람이 아닌 당장 길거리에 나서면 주변 어디에서나 만날 수 있는 그런 사람의 이미지로 국민들에게 접근했다.

이처럼 미셸은 오바마의 가능성에 자신이 가진 모든 것을 던져 활활 불을 지폈다.

# 자신의 선택을 믿고 최선을 다하여 성공을 차지하다

우리는 어떤 선택을 하고 난 후에도 그 결과가 아직 눈에 보이지 않는 관계로 흔들리기 쉽다. 선택에 대한 확신이 덜할수록 많이 흔들리게 된다. 주변 또한 자신의 선택에 대한 확신이 흔들리도록 할 때가 많다.

미셸 역시 자신의 선택에 대해 확신을 얻을 수 없었다. '미국 최초 흑인 대통령 탄생'이라는 상상할 수 없는 엄청난 도전으로 두렵기도 했다. 정치 초년생인 오바마는 2004년 전당 대회에서 기조연설로 일약 정치적 스타가 되기는 했지만, 아직 대통령에 도전할 만큼 영향력이 있는 것도 아니고 인맥이 넓은 것도 아니었으며 정치적 경험도 많이 부족했다.

더욱이 미국이 과연 흑인 대통령을 맞이할 준비가 되었을까라는 것이 의문시되었다. 모두가 공적으로는 단호하게 그럴 준비가 되었다고 대답했지만, 정말로 백악관에 흑인이 앉아 있는 것은 상상할 수 없었다. 게다가 흑인 여성이 영부인이 되는 것은 한마디로 미국의 상상력을 완전히 뒤엎는 것이었고, 그것을 받아들이기까지 시간이 걸리는 충격적인 일이 아닐 수 없었다.

대선에 대한 믿음이 흔들릴 때마다 미셸은 자신이 시카고의 가난하고 소외된 흑인 동네에서 흑인 여자 아이로 태어나 프린스턴 대학과 하버드 대학을 거쳐 그 자리까지 온 기적적인 일을 떠올렸다. 그리고 그 큰 장벽을 뚫은 힘으로 거대한 다음 벽을 뚫을 힘을 얻었다. 그러나 거듭 자신의 선택을 확신하기 위해 노력하면서 그 선택에 몸을 던졌다.

미셸이라고 두려움이 없었겠는가? 대통령 선거전에 올인했는데 대통령이 되지 않을 경우 일어날 상황에 대한 두려움이 그녀에게도 있었다.

미셸은 낙선 후에 어떤 일이 생기더라도 오바마가 일상의 삶으로 되돌아올 수 있게끔 할 수 있는 곳은 바로 가정이라는 사실을 깨달았다. 그리고 오바마에게도 그것을 잊지 않게 하려고 노력했다. 그녀는 모든 것이 패배로 끝나도 오바마가 하루빨리 현실로 돌아올 수 있도록 두 자녀와 아내인 자신이 있는 가정을 더욱 굳게 세워야 했다.

오바마는 넘어야 할 첫 번째 관문부터가 쉽지 않았다. 민주당 경선에서 정치계 최고 거물급인 힐러리와 경쟁해서 이겨야 했다. 힐러리를 이기고 민주당 대통령 후보가 된다고 해도 당시 정권을 잡고 있는 공화당 소속의 정치계 대선배인 존 매케인과 한 판 승부를 겨루어야 하는 판이었다.

그 모든 과정은 너무나 힘들었다. 마치 아무도 가보지 않아 길이 전혀 보이지도 않고 곳곳에 위험이 도사리고 있었다. 오바마에게도 그러했지만 미셸에게도 남편을 돕는 것은 상상을 초월하는 험난한 길이었다.

오바마 암살설에 대한 소문이 심심치 않게 돌고 있었고, 게다가 노벨문학상 수상자인 영국의 도로시 레싱은 오바마가 미국의 첫 흑인 대통령이 될 경우 암살될 것이라는 예언까지 했다. 마틴 루터 킹 목사나 케네디 대통령의 암살을 미국인이라면 잊지 않고 있었기에 정작 오바마 자신보다 미셸이 거기에 대해 더 긴장하고 있었다. 그와 맞물려 오바마에 대한 경호를 더욱 강화하는 분위기에서 미셸의 두려움은 적지 않았을 것이다.

그러나 미셸은 그런 두려움에 뒤로 물러나는 사람이 아니었다. 바로 그 두려움을 극복하기 위해 두려움 속으로 들어가 그것을 뚫고 나가는 성격의 소유자였다.

미셸도 처음 가는 길이었기에 실수를 통해 많은 것을 배워야 했다. 그녀는 처음에는 유세 연설을 할 때 남편에 대한 사소한 이야기를 많이 했다. '대통령에 출마하여 멋지고 훌륭한 연설을 하면서 사람들의 존경을 받는 오바마가 평소 집에서 자신이 알던 사람이었나' 하는 말을 하기도 하여 오바마의 대선 행보에 지장이 있지 않을까 하는 우려의 소리를 듣기도 했다.

미셸은 두 아이의 어머니이자 한 가정의 주부이면서 성공한 여성 변호사 등 여러 커리어를 쌓아왔고, 사회 운동가로 활동하면서 다양한 경험을 통해 능력을 쌓아온 만큼 지금까지 그녀가 지나온 성공 스토리는 자신의 연설 주제가 되기에 충분했다. 특히 흑인 여성으로서 어떻게 그 자리까지 왔는지에 대한 연설은 자신의 경험담이고, 가슴에서 나오는 이야기이기 때문에 많은 대중을 사로잡는 흡입력이 있었다.

평균적인 흑인들의 삶에 비해서 사회적으로 월등하게 성공한 미셸의 당당한 태도는 많은 사람들에게 도전을 주는 반면 반감을 자아내는 면도 없지 않았다. 왜냐하면 흑인 여성으로서의 성공 스토리 속에는 자신의 삶을 뚫고 나오는 데 벽이 되었던 또 다른 사회 계층에 대한 이야기가 암묵적으로 거론되지 않을 수 없었고, 그것은 결코 긍정적인 것은 아니었기 때문이다. 그러다 보니 구체적으로 말은 하지 않았지만 어느 사회 계층에 대한 냉소적인 감정이 나타나기도 했다.

오바마가 더욱더 많은 사람들의 지지를 받고 대선전의 중심에 서서 매스컴의 집중적인 시선을 받기 시작하면서 이런 미셸의 연설 스타일은 인종 차별 문제를 공공연히 거론하고 오바마가 흑인이라는 것을 너무 강렬하게 나타낸다는 비판도 나오기 시작했다.

오바마와 힐러리 중에서 누가 민주당 대선 후보가 될 것인가가 결정되는 시점이었던 슈퍼 화요일 경선 때였다. 그 경선 현장에서 미셸은 '성인이 되어서 처음으로 조국인 미국에 대해 자부심을 느꼈다'는 발언을 함으로써 더욱 거센 비판을 받기 시작했다. 그때 '처음으로' 미국에 대해 자부심을 느꼈다면 미셸은 지금까지 미국을 자랑스러워하지 않았다는 말이 되기 때문이다.

미셸의 발언을 수많은 언론이 기사화했고, 특히 반대 진영인 공화당은 오바마를 공격할 빌미로 삼았다. 그들은 미셸의 미국에 대한 애국심에 의구심이 들도록 그녀의 발언을 강조하며, 그런 사람이 어떻게 영부인이 될 수 있느냐는 분위기를 조장했다. 미셸의 그 발언은 제레미아 라이트 목사의 미국을 비난하는 설교 테이프로 오바마가 받게 되었던 타격만큼이나 치명적이었다.

어떻게든 해명을 해야 했던 오바마는 미셸이 말하고자 했던 것은 미국의 정치에 대해서 처음으로 자부심을 느꼈다는 것이라고 설명했다. 그러면서 자신의 언행에 대해 왈가왈부하는 것은 괜찮지만 자신의 가족을 힘들게 하는 것은 참을 수 없다고 했다.

오바마 선거 캠프는 미셸이 대중과 공감대를 형성하여 그들에게 가깝게 다가가려 했던 의도와는 달리 그런 발언들이 오바마에게 도움이 되지 않는다는 결론을 내렸다. 미셸은 한동안 유세를 쉬면서 오바마 선거 캠프와 함께 연설에 대한 전략을 다시 짜야 했다.

새로운 유세 전략을 준비한 미셸은 예전과는 한층 다른 모습으로 대중에게 접근했다. 오바마에 대해 좋은 얘기를 하고 그가 정말로 자랑스럽다고 말하며 부드럽고 여성적인 모습을 보여주는 것으로 전략을 전폭 바꿨다.

오바마의 대통령 당선은 미셸의 도움이 결정적인 작용을 했다고 해도 지나친 말이 아니다. 흑백 혼혈인 오바마는 흑인들 사이에서는 완전한 흑인으로 받아들여지지 않았다. 흑인인 아버지는 2살 때 헤어지고 성장하는 내내 백인인 어머니와 외조부모님과 생활했기 때문이다. 그러나 미셸은 순수 아프리카계 미국 흑인이다. 아버지도 어머니도 흑인이었으므로 그것이 바로 오바마가 흑인 표를 많이 얻을 수 있었던 힘이 되었다.

미셸은 일반적으로 생각하는 대통령 후보의 아내처럼 행동하지 않고 당당하게 남편을 지지하는 사람으로 연단에 섰다. 오바마 캠프는 슈퍼 화요일 경선에서 가장 중요한 곳이었던 캘리포니아주의 선거 유세 책임을 미셸에게 맡겼다. 미셸은 오프라 윈프리와 캘리포니아 주지사 아놀드 슈왈제너거의 부인인 마리아 슈라이버와 케네디 대통령의 딸 캐롤라인 등 저명한 여성 인사들과 함께 연단에 올라와 연설을 함으로써 오바마의 지지자들을 열광하게 했다.

# 미셸 외의 세 명의 여인

밤이 되어 하늘이 깜깜해지면 서서히 별들은 하나씩 모습을 나타낸다. 각자 크기와 밝기를 겨루듯 자신의 모습을 드러낸다. 그 중에는 사람들이 이름을 붙인 별도 있고 그냥 뭇별로 통하는 별도 있다. 당신이 별이라면 어떤 별이 되고 싶은가?

우리는 미국 제44대 대통령을 선출하는 선거전에서 많은 별들을 보았다. 여인들 중에서는 미셸이 최고로 빛나는 별이었다. 그러나 바로 이 시대가 아니었다면, 극심한 경제 위기와 변화를 갈망하는 사람들의 욕구가 절정에 달하지 않았다면 미셸이 그렇게까지 빛나지는 않았을지 모른다.

미셸과 더불어 별처럼 떠오르며 우리의 시선을 집중시켰던 세 명의 여인이 있다. 그들은 공화당 후보였던 존 매케인의 부인 신디 매케인, 공화당 부통령 후보였던 세라 페일린, 오바마와 함께 민주당 대통령 후보였던 힐러리 클린턴이다.

이 세 여인은 결코 뭇별에 넣을 수 없는 개성을 지닌 찬란한 별들이다. 그들은 자신만의 빛을 발하면서 자신만의 이름을 가지고 전 세계 앞에 모습을 드러냈다.

이 세상은 사람들에게 그 무엇이 되라고 그림을 그려준다. 그러면 이 세상이 정해준 그림 속으로 들어가야 할 것 같은 생각이 든다. 그렇게 하지 않으면 소외될 것 같은 두려움이 생기기도 하고, 무의식중에 그런 사람이 되는 데 초점을 맞추어 공부하고 그 방향으로 나아가기도 한다.

그러나 그것은 뭇별들 속에 묻히는 것이다. 그 속에서는 결코 자신만의 빛을 낼 수 없다. 그뿐 아니다. 계속 그렇게 살다보면 뭇별에도 속하지 못하고, 다른 별들의 빛에 가려져 전혀 빛을 발하지 못하는 어두운 별이 되고 만다.

당신이 자신의 존재를 알리지 않으면 이 세상은 당신으로 하여금 빛을 발하게 하지 않는다. 당신은 스스로 빛을 비추도록 해야 한다. 바로 그런 존재로 태어났기 때문이다. 다른 빛에 가려질 필요가 전혀 없다.

당신만의 빛을 비추려고 할 때 당신의 잠재력을 최대한 발휘할 수 있다. 그러면 그 빛은 더욱 빛날 수밖에 없다. 당신을 바라보는 사람들 역시 당신이 비추는 빛을 받아 더욱 빛날 가능성이 커진다.

우리가 미셸의 성공 스토리를 듣는 것은 바로 미셸의 빛을 보는 것이다. 미셸이 찬란한 별로 떠오르기까지 이야기를 들음으로써 나만의 빛을 온전히 잘 발할 수 있는 길을 살피는 것이다.

　　그렇다고 우리가 미셸, 신디, 페일린, 힐러리처럼 되려고 노력할 필요는 없다. 미셸이 신디처럼 되려고 노력하지 않았고, 신디역시 미셸같이 되려고 하지 않았다. 그들은 각자 그 자신일 뿐이었다.

　　우리 역시 최고의 별이 될 수 있다. 우리가 정말로 이 세상에서살아야 할 우리만의 삶을 산다면 말이다. 어느 누구처럼 되려 하지 않고 우리가 살아야 할 삶을 산다면 성공하지 않을 수 없다. 자기 자리에서 빛나는 별이 되지 않을 수 없다.

★ 당신 앞에는 무한한 가능성이 놓여 있다. 지금 당신이 하는 선택이 당신의 미래를 만들 것이다.

★ 신기루처럼 사라져 버릴 수 있는 겉모습에 인생을 걸지 마라. 보이지 않는 가능성에 투자하라.

★ 당신과 동행하는 사람이 산 정상에 도달하도록 열심히 뒤에서 밀어주라. 당신도 함께 산 정상에 가게 될 것이다.

★ 확신에 찬 선택이라면 어떤 일이 있어도 흔들리지 마라. 최선에 알파를 더하면 분명 성공하게 될 것이다.

# 3

# 자신만의
# 이미지 메이킹으로 승부하라

# 이미지는 더 크게, 더 강력하게, 더 빨리 자신을 말한다

이미지는 내가 입으로 하는 말보다 더 크게, 더 강력하게 더 빨리 나에 대해 말해준다. 내가 아직 말도 하지 않았는데 사람들은 이미지만 보고 내가 어떤 사람인지, 어떠한 사람으로 보여지고 싶은지 파악한다. 내가 지금 있는 장소와 상황을 어떻게 생각하는지, 상대방에 대해 어떻게 생각하는지를 눈치챈다.

이미지는 내가 말을 하는 것보다 더 솔직하다. 기분이 나쁘면 표정이 바뀌고, 제스처가 바뀌고, 목소리와 얼굴색도 바뀌기 때문이다. 나의 의도와는 상관없이 무의식적으로 이 모든 것이 외부로 나타난다.

모든 것이 빨리 돌아가는 현대 사회는 극히 짧은 만남으로 결정을 내려야 하는 일이 많다. 그 짧은 시간에 자신에 대해 정확하게 알리고 확인시키기란 여간 어려운 일이 아니다. 자신에 대해 압축해서 알려줄 수밖에 없으므로 이미지는 중요성이 점점 더해지고 있다.

대중의 시선에 노출이 되어 있는 정치인들에게 이미지가 중요한 것은 두말할 필요가 없다. 선거 때 정치인의 이미지는 그 당락에 절대적인 작용을 한다. 대통령 선거에서는 이미지가 가장 중요한 작용을 한다. 수많은 국민들이 대통령 후보를 직접 접할 수 없는 상태에서 매스컴을 통한 이미지로 적임자를 선택할 확률이 높기 때문이다.

이미지 전략으로 대통령 선거에 성공한 대표적인 인물은 단연 케네디 대통령을 꼽을 수 있다. 청년 시절부터 성공을 간절히 갈망했던 케네디는 할리우드의 대스타들이 성공한 주요 원인은 이미지 덕분이라는 사실을 깨달았다. 그 후 미국 대통령이 될 때까지 그는 자신의 이미지를 철저히 관리했다.

또한 대통령 후보의 이미지에 절대적인 영향을 미치는 것은 영부인 후보의 이미지다. 영부인 후보의 이미지가 도무지 그 역할에 맞지 않을 경우 선거에 치명적인 영향을 받게 되므로 특히 신경을 쓰는 부분이기도 하다.

오바마와 민주당 대통령 후보 경선을 벌인 힐러리는 오랫동안 백악관에서 영부인 자리를 지켜왔고, 상원의원으로서 정치적 영향력을 막강하게 행사해왔다. 그런 만큼 힐러리는 새로운 인물인 오바마에 비해 상대적으로 기성 정치인의 이미지를 갖게 되었다. 그 결과 기존 정치에 대한 미국 국민들의 실망이 오랫동안 정치계에 몸담아온 힐러리에게 흘러들어갔다. 이는 오바마가 젊고 신선한 이미지로 새로운 변화를 외치고 나온 것에 대비되어 더욱 심화되었다.

미셸은 클린턴 전 대통령의 스캔들을 암시적으로 빗댐으로써 자신은 자녀와 가정을 중요시한다는 말로 오바마의 경쟁자 힐러리의 약점에 일침을 가했다. 힐러리에 대한 부정적 이미지를 강화시키고 오바마에 대한 긍정적 이미지를 심기 위해서였다. 이렇게 대선은 이미지 전쟁이라고 불릴 정도로 이미지가 강력하게 작용한다.

링컨은 오바마가 존경하고 본이 되는 역할 모델이다. 그래서 링컨이 1858년에 상원의원 선거에 나가면서 '분열된 가정'에 대한 역사적인 연설을 한 바로 그 장소인 일리노이주 스프링필드의 옛 의사당 앞에서 자신의 대선 출마를 선언했다. 그 역사적 장소를 택한 것도 자신의 이미지가 링컨의 이미지와 닮도록 하기 위한 전략이다.

오바마는 또한 당선 당시 젊은 정치인으로서 변화를 주창하던 존 에프 케네디의 이미지를 추구하면서 자신이 이루고자 하는 바를 전했다. 사람들은 그의 의도를 정확하게 파악했다. 그 결과 그는 '검은 케네디' 라는 이름이 붙여질 정도로 케네디의 이미지를 갖게 되었다.

오바마가 검은 케네디로 비유되면서 미셸은 '검은 재클린'이라고 불려지게 되었다. 단지 오바마가 검은 케네디이기 때문에 미셸이 검은 재클린이 된 것은 아니다. 그렇게 불리기까지 미셸 또한 자신의 이미지를 정확하게 관리했다.

이미지를 그려내는 데 절대적인 작용을 하는 것은 외모다. 오바마는 대중 앞에서 연설할 때는 짙은 색 양복에 밝은 색 셔츠를 입고서 흑백의 조화를 이루는 강렬한 카리스마와 신뢰가 넘치는 이미지를 표현했다. 그러나 가까이에서 대화를 나누거나 사람을 접하는 장소에서는 셔츠의 팔 부분을 접어 올리고 나타나 더욱 친밀감을 주도록 했다.

미셸은 동네를 오가면서 쉽게 만날 수 있는 여성과 같은 외적인 모습과 말로 대중 앞에 나타나는 경우가 많았다. 많은 수의 평범한 일반인에게 지지를 얻어내기 위한 오바마의 풀뿌리 전략과 조화를 이루며 대중에게 가까이 다가가 편안한 느낌을 주기 위해서였다. 그러한 이미지는 역시 그대로 대중에게 전달되었다.

사람들의 눈길을 끄는 이미지는 노력 없이 우연히 만들어지는 것이 아니다. 이미지는 그 사람의 지금까지 삶을 말해주므로 표현하고 싶은 이미지가 있다면 먼저 내면을 그에 어울리는 것으로 채워야 한다.

지금 미셸의 모습은 모든 환경을 뚫고 나온 강인한 내면을 대변한다. 그녀는 흑인 여성으로서 저절로 미국 최고의 명문 대학을 졸업하고, 변호사가 되고, 백악관 안주인 자리에까지 이르지 않았다. 그만큼 철저하게 자신을 관리하며 노력했다.

예를 들면 독서는 미셸이나 오바마의 일상생활에 빠질 수 없는 한 부분이다. 앞에서 밝힌 바와 같이 대통령에 당선된 오바마가 가장 먼저 한 것은 독서였다. 그는 링컨에 관한 책을 읽으면서 자신이 대통령으로서 어떤 길을 가야 하는지 생각했다. 오바마에게처럼 미셸에게도 독서는 자신의 길과 방향을 제시하는 중요한 길잡이가 되었다.

미셸이 선거를 위해 연설하면 많은 사람들이 그녀의 언어 구사력에 자신도 모르게 빠져들었다. 말을 전문적으로 하는 직업인도 아니고 정치인도 아닌 그녀가 훌륭하게 언어를 구사할 수 있었던 것은 어린 시절부터 다방면의 독서로 생각을 정립하는 훈련을 했기 때문이다.

미셸의 부모님은 미셸이 어릴 때부터 텔레비전 보는 시간을 극히 제한했다. 절대로 하루에 한 시간 이상은 텔레비전을 시청하지 못하게 했다. 그 대신에 저녁 시간이 되면 가족이 한 자리에 모여 어떤 주제를 두고 대화를 나누게 했다. 서로 자신의 의견을 말하며 왜 그러한 생각을 하게 되었는지를 표현했다. 의견이 다를 경우 상대방의 말에 귀를 기울이며 논리적으로 설득했다. 그런 시간이 계속되면서 미셸에게도 자신의 의사를 분명히 밝히고 다른 사람을 설득하는 능력이 길러졌다.

대중 앞에 나서서 당당하게 자신의 생각을 말하는 미셸을 보면 강인한 정신력이 엿보인다. 강인한 정신력은 강인한 체력이 있어야 하고, 강인한 체력은 강인한 정신력이 있어야 만들어지는 법이다.

오바마는 선거 운동을 하는 그 바쁜 동안에도 틈틈이 헬스장을 찾았고 대통령에 당선이 된 다음날 아침에도 운동으로 땀을 흠뻑 낸 후 하루를 시작했다. 미셸 역시 오바마 못지않게 운동으로 자신의 체력과 정신력을 기르고 있다.

미셸은 보통 새벽 4시 30분에 일어나 역기 들기와 같은 근력 운동과 자전거 타기나 조깅과 같은 유산소 운동으로 체력을 단련한다. 선거전으로 눈코뜰새 없이 바쁠 때도 일주일에 세 번씩 시간이 날 때마다 약 90분 정도 운동을 할 정도였다. 운동으로 체력적인 뒷받침을 하지 않았다면 그녀가 아무리 멋진 의상을 입고 대중 앞에 나온다고 해도 당당함과 건강미는 보이지 않았을 것이다.

대통령 취임식이 있은 후 얼마 되지 않아 미셸은 미국의 유명한 의상 잡지 『보그』의 표지 모델이 되었다. 건강미 넘치는 모습은 체력을 단련하지 않고서는 결코 만들어질 수 없는 것임을 다시 한 번 확인시켜주었다.

# 자신이 말하고 싶은 바를
# 이미지로 표현하라

**만**약 당신이 승진을 원한다면 나는 당신이 그 직책을 이미 얻은 것처럼 생각하고, 외적 이미지도 거기에 맞추라고 조언할 것이다. 왜냐하면 생각이 먼저 가야 몸이 따라가기 때문이다. 외적 인상을 맞추고 나면 점점 그 직책에 적응하게 되고, 급기야 정말로 그 직책에 적합한 사람처럼 되어 그에 맞는 행동을 하게 된다. 그러면 정말로 그 직책을 갖게 될 가능성이 높다. 현재와 미래의 나는 그렇게 함으로써 더욱 빠른 속도로 일치하게 된다.

미셸은 영부인이 된 자신을 상상할 수 없었다. 그러나 오바마가 검은 케네디라는 이미지를 갖게 된 이상 자신이 검은 재클린의 이미지를 갖게 된다면 그들 부부도 케네디와 재클린과 같은 대통령 부부의 이미지를 갖게 된다고 판단했다.

오바마의 등장이 그야말로 돌풍처럼 갑작스러웠듯이 미셸 또한 그러하다. 게다가 피부색이 검은 여성이 백악관의 영부인의 자리에 앉는다는 것은 아무도 상상할 수 없었기 때문에 미셸은 사람들에게 자신이 영부인 자리에 앉을 것을 상상할 수 있도록 해주어야 했다.

사람들은 익숙한 것일수록 쉽게 받아들이는 특성이 있다. 미셸은 이 점을 이용하여 사람들이 자신에 대한 마음을 열도록 했다. 그러면 자신이 영부인이 될 가능성이 더 높아진다는 것을 잘 알고 있었다.

미셸은 먼저 생각하고 그것을 행동으로 옮기는 현명한 여자였다. 그러했기에 이러한 사람들의 심리를 간파했고, 백 마디 말로 사람들을 설득하기보다 자신의 모습과 행동으로 자신이 무엇이 되기를 원하고 어떤 사람으로 받아들여지기를 원하는지 보여주었다. 사람들의 심리를 간파하여 자신이 가야할 방향을 선택하고 행동으로 옮기는 능력은 그간 변호사로 일하면서 인권 운동과 많은 사회적 활동을 하면서 얻은 지혜가 뒷받침된 결과이다.

미셸은 과거에 미국 국민들의 사랑을 한몸에 받았던 영부인 재클린의 이미지를 선택했다. 그럼으로써 자신도 영부인이 될 수 있다는 확신을 키워나갔다. 자신이 확신을 가지면 다른 사람에게도 전염이 되는 법. 미셸은 국민들의 확신도 키워나갔다. 그러나 자신이 원하는 이미지를 그냥 만들었을 뿐 '나는 재클린의 이미지를 따르노라'고 말하지는 않았다.

먼저 머리 모양을 재클린이 잘하던 모습으로 바꾸었다. 이마쪽으로 머리가 부드럽게 흘러내리도록 웨이브를 넣었고, 뒷머리는 볼륨을 주었다. 단순한 색상의 원피스에 알이 굵은 진주 목걸이로 포인트를 주었을 때 사람들은 누구나 미셸의 모습에서 재클린을 연상했다. 미셸은 재클린이 즐겨 입던 소매가 없는 단색의 깔끔한 원피스나 여성스런 스커트 정장을 입고 공식석상에 나타나서 자신이 어떤 사람으로 받아들여지기를 바라는지 무언의 표현을 했다. 사람들은 그 말을 읽을 수 있었다.

특히 재클린이 가장 좋아하던 스타일이었던 보라색 원피스에 진주 목걸이를 하고 미셸이 『뉴스위크』 잡지의 표지에 나왔을 때 사람들은 즉시 미셸이 재클린의 이미지를 연출했다는 것을 알아챘다. 재클린은 여성스러운 색깔의 옷을 즐겨 입었다. 파스텔색, 크림색, 검은색과 강렬한 빨간색의 원피스나 정장은 재클린의 스타일이었다. 미셸도 그러한 색상을 자주 입음으로써 재클린과 같은 이미지를 표현했다.

미셸은 이러한 이미지 전략을 사용함으로써 자신을 보면 자연스럽게 재클린을 떠올리며 점점 영부인으로 받아들이게 했다. 그리고 결국 자신이 바라는 대로 영부인이 되었다.

# 미셸<sub>과</sub> 재클린

❶ 재클린은 과거 영부인이었고, 미셸은 현재 영부인이다.

❷ 미셸은 시카고 남부에서 기계공인 아버지와 비서인 어머니 사이에 태어나 소박한 환경 속에서 자라났다. 재클린은 동부 해안의 부유한 가정에서 성장했다.

❸ 미셸은 프린스턴 대학을 나와서 하버드 대학의 대학원에서 법률을 전공한 후 변호사로 일했고, 자신이 일하던 변호사 사무소에서 오바마를 만나 결혼했다. 재클린은 미국의 바사 대학, 조지 워싱턴 대학, 프랑스 파리의 소르본 대학에서 공부했다. 워싱턴 신문사에서 기자로 활동을 하다가 젊은 하원의원이었던 존 에프 케네디를 만나 결혼했다.

❹ 미셸은 남편 오바마의 선거 운동을 돕기 위해 자신의 직업을 포기했다. 오바마의 자문을 맡았으며 선거 운동에 관련된 수

많은 인터뷰을 하고 텔레비전에 출연했다. 정치에는 별로 관심을 보이지 않았던 재클린은 자신의 성취 욕구를 예술과 같은 분야에 관심을 돌림으로써 삶의 균형을 잡아나갔다.

❺ 미셸은 열심히 일하면서 가족을 돌보며 자신의 신념을 따랐다. 오바마의 대선 출마를 돕는 대신 오바마에게 금연을 조건으로 내밀면서 흡연자가 되든지 대통령이 되든지 택하라는 단호함을 보였다. 재클린은 그 당시 세대가 영부인에게 기대했던 바에 부합하려고 했다. 그러나 한 인간으로서 그녀의 독특함은 당대 최고의 인기를 이끌어냈다. 그 당시 세계에서 가장 옷을 잘 입는 여성으로 꼽혔고, 20세기 여성 중 가장 영향력 있는 한 사람으로 꼽힐 정도였다.

❻ 미셸은 강한 자신감으로 성공한 여성으로서 미국의 첫 흑인 영부인이 되었다. 그녀는 두 딸을 출산하고도 계속해서 자신의 일을 했다. 재클린은 전형적인 아내로서 역할을 했지만, 자신의 의지에 따라 행동하는 여성이었다. 케네디가 암살당한 후에는 미국의 시선에도 아랑곳하지 않고 세계적인 거부인 그리스의 선박왕 오나시스와 결혼했다. 오나시스가 사망한 후에는 케네디와 결혼하기 전 직업이었던 기자로 돌아갔다. 결코 세인으로 돌아오기 쉽지 않았지만 그녀는 자신의 길

을 갔다.

❼ 미셸은 당대의 재클린처럼 클래식하고도 우아한 의상을 입는
다. 재클린과 그 시대 여성들이 즐겨 했던 웨이브 있는 목정
도 길이의 헤어 스타일을 한다. 그와 동시에 영부인의 전통적
인 이미지를 벗어나 파격적인 모습을 보이기도 한다. 한편,
재클린의 외모가 단연 돋보였던 것은 모든 여성이 화려하고
도 우아한 드레스를 입고 나오는 자리에 유일하게 혼자만 단
순한 원피스를 입고 나타나는 등 자신만의 독특한 스타일을
지녔기 때문이다.

❽ 미셸은 180cm 이상의 훤칠한 키와 잘 단련된 체구와 넓은 어
깨로 눈에 확 뜨이는 매력적이고 열정적이며 지성미가 넘치
는 여성이다. 재클린에 관해서는 케네디가 미국 대통령으로
서 프랑스를 방문하여 기자 회견을 할 때 자신을 '저는 재클
린의 남편입니다' 라고 소개했다는 유명한 일화가 있다. 이지
적인 미모와 독특한 유머 감각과 지적인 언변을 두루 갖춘 그
녀가 얼마나 큰 인기를 누렸는가를 보여주는 대목이다.

# 자신만의 이미지로
# 최고에 도전하라

**각** 직업군에 어울리는 이미지, 추구하는 이미지, 연상되는 이미지가 있듯이 영부인을 생각할 때 떠오르는 이미지가 있다. 사람들은 자신이 기대하는 이미지에 비추어 현재의 영부인을 판단한다.

현재 이 세상에 살고 있는 사람들이 직접적으로 접하거나 기억하는 미국의 영부인을 말하라고 하면 케네디 대통령의 부인 재클린과 클린턴 대통령의 부인 힐러리 그리고 부시 대통령의 부인 바바라를 들 것이다. 재클린은 당시 자기만의 패션으로 사람들의 눈길을 사로잡았고, 바바라는 항상 남편 곁에서 친절한 미소로 남편을 지원했으며, 힐러리는 대통령 부인으로서뿐 아니라 정치적인 능력까지 아낌없이 발휘했다.

이 세 명이 지금 현 세대 미국인들이 떠올리는 영부인이기 때문에 미셸에게 이들의 이미지를 접목하려고 하는 것은 어쩌면 당연하다. 미셸은 이 세 사람 중 어떤 부류에 속할까?

그러나 미셸은 그 누구도 아니다. 외적 이미지로는 재클린을 본 땀으로써 검은 재클린이라는 이름이 붙여지기는 했지만 전적으로 재클린 스타일은 아니다. 오바마의 대선에 적극적으로 뛰어 들어 연설하는 등 정치적 활동을 하는 듯했지만 힐러리 스타일에 집어넣을 수도 없다. 눈에 뜨이지 않게 공손하게 남편 곁에 서서 내조하는 바바라는 더더욱 아니다.

미셸은 자신만의 독특한 색깔을 띄고 있고, 사람들도 그것을 인식하고 있다. 그것이 바로 사람들이 미셸에게 관심을 갖는 동기 중 하나일 것이다.

누구에게도 뒤지지 않는 최고 학벌에 최고의 직업 여성으로서 지성미를 자랑하는 미셸은 어떤 때는 남편이 집에서 하는 나쁜 버릇을 거침없이 내뱉고 여지없지 여느 주부와 같은 면을 드러냄으로써 사람들의 마음을 이끌었다. 그녀는 영부인의 고정된 이미지 속으로 자신을 끌어넣지 않고 극히 현실적이면서도 세련된 이미지를 표현했다.

케네디 대통령 시절에는 재클린의 의상에 대한 이야기가 국민들 사이에 심심치 않게 돌았는데 이제는 미셸의 이미지가 많은 화젯거리가 되고 있다. 당대에 와서는 프랑스 대통령 니콜라 사르코지의 부인 카를라 브루니가 세계인의 사랑을 한몸에 받았던 영국의 찰스 왕세자비 다이애나와 미국의 재클린과 비교되면서 전 세계 영부인 중에서 최고의 패션 감각을 가졌다는 의미에서 '퍼스트레이디 퀸'이라는 이름을 얻었다. 그러나 한쪽에서는 미셸이 나타나고서 프랑스 엘리제궁에 있는 브루니가 울 정도라고 말한다. 브루니가 미셸에게 퍼스트레이디 퀸의 자리를 넘겨주어야 할지 모르기 때문이라는 이유에서다.

미셸의 의상에 대한 부정적인 견해도 패션계에서는 심심찮게 거론되고 있다. 모든 사람의 눈에 미셸의 모습이 좋아보일 수는 없다.

오바마에게 찬성표를 던지는 사람과 반대표를 던지는 사람이 있는 만큼 미셸도 마찬가지일 것이다. 아무래도 미셸에게 반대하는 사람은 남들이 긍정적으로 평가하는 그녀의 이미지에 관해서도 부정적인 선입견을 가질 것이다. 아니면 자기 눈에 부정적으로 보이는 외적 이미지가 마음에 들지 않아서 미셸을 싫어할 가능성도 있다.

한 유명한 디자이너는 미셸이 바지 정장을 입고 연단에 서지 않는 것이 다행이지만 원피스를 입는 것 또한 그리 좋아보이지는 않는다는 평을 했다. 또 다른 디자이너는 대통령 당선 수락 연설에서 미셸이 입은 검은색 바탕에 빨간색이 들어간 옷은 대통령 선거의 승리를 알리는 장소에서 입을 수 있는 의상이라기보다 할로윈 축제에서나 입을 수 있는 이상한 것이라고 평을 했다. 어떤 디자이너는 미셸이 언젠가 입었던 녹색 의상은 마치 양

로원 식당에 있는 커튼을 잘라놓은 것 같다고 악평했다.

영부인 후보의 이미지에 대한 기대를 처음부터 깨뜨린 미셸에 대해 악평하는 것은 개인적 취향이기도 하지만 새로운 것에 대한 적응이 필요했기 때문일 것이다. 낯선 것에 대해서는 사람들이 일단은 저항을 하는 경향도 한 몫을 했을 것이다. 그런 악평 가운데서도 오바마의 변화에 대한 새로운 비전 제시와 더불어 변화를 갈망하는 국민들의 열정 때문인지 기존 영부인의 상(像)을 깨뜨리는 미셸의 이미지에 신선한 매력을 느끼며 환호하는 사람들이 더 많았다.

뉴욕의 유명한 디자인 회사 Barney의 사장은 의상은 한마디로 "'당신은 바로 당신 자신이 되라. 그 누구도 당신이 그 어떤 사람이 되어야 한다고 정하지 못하게 하라' 라는 것을 암시하는 것이다."라고 말했다.

오바마 선거 캠프는 신문지면을 통해 미래의 영부인인 미셸은 개인적인 스타일리스트가 없다고 밝혔다. 그러자 한 신문은 적어도 미셸이 백악관에 있을 4년 동안 디자인계는 흥미진진하게 미셸을 바라볼 것이라고 했다.

공화당의 부통령 후보였던 세라 페일린은 선거전에 15만 달러짜리 의상을 입고 나와 적지 않은 구설수에 오르게 되었지만, 미셸은 가격이나 상표에 개의치 않고 350달러짜리 옷을 입고 나왔다. 물론 프랑스 파리나 이탈리아 마일랜드나 뉴욕의 유명한 디자이너들이 자신이 디자인한 옷을 제공하겠다고 제안했지만 미셸은 세계 최고의 스타 디자이너들이 만든 의상을 입을 수 있는 기회를 포기하고 자신만의 스타일을 지켰다.

오바마의 경쟁자인 존 매케인의 아내 신디는 28만 달러짜리 다이아몬드 반지를 끼고 부를 나타냈지만, 가난한 가정 출신인 미셸은 어렵게 성공한 이야기로 많은 사람들의 관심을 받고 있는 만큼 격식 없는 의상 스타일을 취했다. 높은 연봉을 받았지만 고가의 명품 의상만 고집하지 않고, 일반인들이 쉽게 접할 수 있는 상표의 의상을 사서 입으며, 경쟁자의 스타일에 연연해 하지 않고, 자신만의 스타일을 지켰다. 그것이 그리 대단한 일 같지 않아 보이지만 영부인 후보로서 그런 자세를 유지한다는 것은 혁신적이라고 할 수 있다. 이런 것들이 바로 미셸에게 세계가 환호를 보내는 이유로 충분하다.

미셸은 2년간 계속해서 미국 패션 월간지 『배니티 페어』가 선정한 국제 베스트 드레서 중 한 명으로 선정되었지만, 최고 고가 명품을 애용하는 신디는 제외되었다. 주최측은 미셸을 베스트 드레서에 선정한 이유가 현대 여성들의 이미지를 잘 보여주고 있을 뿐 아니라 자신의 지성과 개성이 잘 드러나도록 옷을 입기 때문이라고 했다. 또한 미셸은 재클린 스타일이라고 할 수 있는 단순한 드레스에 진주 목걸이를 잘 소화해내었다고 평했다. 그러나 신디의 스타일은 어디서 본 듯 눈에 익기도 하고 누구나 그렇게 하고 싶다는 생각은 들지만 곧 잊어버릴 만큼 특별하지 않다고 했다.

이미 미셸은 영부인 후보로서도 공화당의 영부인 후보인 신디를 패션면에서 이겼던 것이다. 미셸이 전통적인 영부인 후보의 옷을 입고 나왔더라면 사람들의 많은 관심에서 떠나 있었을지도 모른다. 그러나 오바마의 메시지가 변화인 만큼 그녀 또한 그 변화에 걸맞는 자신만의 스타일로 승리를 거두었다.

의상은 시간적, 공간적, 상황적 제약으로 말로 전부 표현할 수 없는 것을 대신 나타내주는 대변인과도 같은 역할을 한다. 유능한 대변인은 자신이 대변하는 사람의 생각을 정확하게 전달할 뿐 아니라 적당한 표현으로 더욱 돋보이게 해준다.

그러므로 자신을 정확하게 나타낼 뿐 아니라 더욱 설득력을 더해주는 옷을 입는 것이 바람직하다. 처음 접하는 것에 대해 사람들은 먼저는 색상을, 그 다음에는 스타일을 받아들인다.

색상은 각각 고유한 분위기를 띠고 있어서 심리적인 작용을 하는 힘이 있다. 예를 들어, 검은색은 신뢰감과 힘을 주지만 거리감이 느껴지게 한다. 그래서 검은색 옷은 대중 앞에 설 때는 자신의 말을 돋보이게 하므로 입는 것이 좋고, 친근감을 줄 필요가 있는 소규모 모임에서는 심리적으로 멀어지게 하는 작용을 하므로 피하는 것이 좋다.

미셸 역시 색상으로 자신을 나타내었다. 재클린 케네디처럼 푸

른색 민소매 원피스를 입고 대중 앞에 나타난 것도 그렇고 오바
마의 대통령 당선 수락 연설에서 강렬한 색상의 붉은 색과 검은
색이 혼합된 의상을 입은 것도 그러하다.

# 패션도 전략이다
# 치밀함을 잃지 마라

외모에 전혀 신경을 쓰지 않는 기업인으로는 빌 게이츠를 떠올릴 수 있다. 세계적인 대기업 마이크로소프트사의 CEO인 그는 다림질도 잘 안된 평범한 셔츠에 스웨터를 어깨에 걸치는 등 편안한 캐주얼 의상을 입고 일한다. 그의 기업에는 의상 규정이 전혀 없기 때문에 직원들도 복장이 자유롭다. 심지어 텔레비전 좌담에도 그는 변함없이 그런 평범한 모습으로 나온다.

빌 게이츠가 그런 복장을 것은 그런 차림이 편안해서 좋아하기 때문이기도 하지만 또 다른 이유가 있다. 그는 특별히 인재가 최대의 자산이라고 생각하는 사람이다. 인재들의 창의성을 복장과 같은 것이 조금이라도 막아서는 안 된다고 생각한다. 인재를 통해 발휘되는 창의성이 바로 기업의 성패에 지대한 작용을 한다는 것을 잘 알기 때문이다.

평소에 캐주얼한 차림을 즐겨하는 빌 게이츠도 중요한 자리에서는 자신의 이미지에 관심을 갖고 정장을 차려 입는다. 1980년 초, 한창 마이크로소프트사가 새로운 프로그램인 MS DOS를 개발할 당시 그로서는 IBM사와 계약을 할 절호의 기회를 잡게 되었다. 빌 게이츠는 그 만남의 자리를 위해 특별히 짙은 감색의 전통적인 양복을 맞추어 입었다. 평소 양복을 잘 입지 않은 탓에 무척 어색했지만 기업의 성공에 아주 중요한 자리인지라 자신의 편함보다 예의를 지키는 전략을 썼다. 그 결과  IBM사와 계약을 체결하는 데 성공했고, MS DOS는 세상에 빛을 보게 되었다.

그 후에도 빌 게이츠는 회사에 갈 때나 직원과 회의를 할 때나 일을 할 때나 계속 편안한 의상을 입는다. 그러나 새로 개발된 제품을 소개하는 자리 등 기업을 위한 중요한 자리나 공식적인 자리에서는 검정색 정장을 입는다. 세계적인 기업 박람회에도 캐주얼한 의상으로 나타나지만 자신이 발표를 해야 하는 자리에서는 검정색 정장으로 갈아입고 등장한다. 왜일까? 그는 세계 최고의 기업을 일구어낸 사람으로서 고도의 사업 전략이 없이는 사업을 성공시킬 수 없다는 것을 잘 안다. 또한 사업 전략 속에는 이미지 전략 역시 한 자리를 차지하고 있음을 잘 알기 때문이다.

자신의 의사를 전달하는 방법에는 여러 가지가 있다. 오바마는 말과 행동으로 자신이 미국의 변화와 통합을 이룰 수 있는 리더라는 것을 국민들에게 알렸다. 그리고 그가 추구하는 비전에 국민들을 동승시키고 백악관으로 입성했다.

미셸도 오바마를 지지하는 선거 연설에서 오바마와 같은 비전을 선포했다. 그러나 그녀는 다른 방법으로 변화에 대한 메시지를 국민들에게 전달했다. 선거 운동을 하는 내내 그녀는 기존 영부인과는 다른 이미지를 보여줌으로써 그녀가 말하는 변화에 대한 메시지에 확신을 더했다.

오바마는 미국 대통령 당선 수락 연설 자리에서 이제 미국에 변화가 시작되었으며, 자신이 대통령이 된 것은 바로 변화에 대한 국민들의 선택이었음을 선포했다. 미셸은 그 자리에서 연설을 할 기회가 없었다. 그러나 그녀는 어쩌면 변화에 관한 메시지를 오바마가 선포한 것보다 더 강력하게 자신의 복장으로 말했는지도 모른다. 그때 그녀는 이전의 영부인 이미지와는 완전히 다른 파격적인 스타일의 옷으로 이제 미국에 변화가 시작되었음을 강력하게 선포하는 것 같았다. 그 효력은 뭇 세계인의 시선이 미셸에게 집중된 것으로 알 수 있었다. 이제 다른 시대가 온다는 시대적 변화를 보는 눈이 있는 사람은 그 사실을 분명하게 읽을 수 있었다.

최고의 자리에 오르는 것은 그저 되는 것이 아니다. 자신이 무엇을 원하는지 알아서 치밀하게 계획하고 실행에 옮겨야 한다. 미셸 역시 그 점을 대충 넘어가는 법이 없이 치밀하다. 미셸은 자신이 말하고 싶은 바를 굳이 말로 하지 않아도 다양한 방법으로 어떻게든 표현한다. 이를 위해 기회를 놓치지 않고 적절히 이용한다. 이것은 평소에 목적을 향한 방향 설정이 분명해야만 가능하다.

미셸은 낸시 레이건이나 바바라 부시, 힐러리 클린턴이나 로라 부시가 그들의 남편이 대통령 수락 연설을 할 때 입었던 파스텔 색상의 앙상블에 진주 목걸이를 하는 전형적인 의상과 전혀 다른 스타일을 취했다. 미셸은 대통령 당선 수락 연설장에서 입을 의상을 의도적으로 특별히 유의해서 선택했다. 짧은 검정색 상의 속에 허리와 가슴쪽에 빨간색 무늬가 있는 무릎 길이의 검정색 원피스였다. 미셸이 그 의상을 입고 나타나자 미국의 디자인계는 열렬한 토론이 벌어졌다. 긍정적인 평도 많았지만 부정적인 반응도 있었다. 어떤 사람은 '내가 오바마를 선택했지 미셸의 저 의상을 선택한 것은 아니야' 라면서 눈살을 찌푸리기도 했다.

대통령 당선 수락 연설에서 오바마는 평소 즐겨 입던 옷인 어두운 남색 정장을 입고, 검은색과 빨간색이 섞인 줄무늬 넥타이를 맸다. 그리고 딸 말리아는 빨간색, 사샤는 검은색 드레스를 입었다. 오바마의 넥타이와 딸들의 의상은 미셸의 복장 색깔과 조화를 이룬 것이었다.

미셸의 의상은 그녀의 독특한 개성과 흔들림 없는 확신을 말하는 것이었으며 그 자체로 변화의 시작을 알리는 메시지였다.

이렇듯 이미지는 그 사람에 대해 한 마디로 말해준다. 당신이 어떤 사람이고, 어떤 사람으로 받아들여지기를 원하는지 이미지로 전달하라. 그렇지 않으면 사람들은 자신의 잣대로 당신을 판단하게 된다. 옷은 그 사람을 대변하는 것이다. 그렇기 때문에 옷보다 사람이 중요하다. 당신은 15만 달러짜리 옷을 택하겠는가, 영부인 자리를 택하겠는가?

당신이 어떤 사람인가에 집중하게 하고, 적어도 당신의 이미지가 당신에 대해 잘못 판단하게 하지 말아야 한다. 나아가 당신의 이미지가 당신의 말에 설득력을 더해주고 당신을 정확하게 한 마디로 나타낼 수 있도록 하는 것이 좋다.

미셸이 4년간 영부인 자리에 있을 동안 어떤 스타일의 의상을 입을 것인지 많은 사람들의 관심이 집중되고 있다. 아무도 미셸이 예전의 영부인 이미지를 따를 것이라고 생각하지 않지만 사람들의 추측을 깨뜨리고 예전 영부인과 비슷한 스타일을 취한다면 아마도 많은 사람들이 실망할 것이다. 미셸 역시 어쩔 수 없이 기존 틀에서 벗어나지 못하는 사람으로 생각하며 점점 고개를 돌릴지도 모른다.

그러나 미셸은 분명 사람들의 기대를 알고 있기에 그 기대를 저버리지 않을 것이다. 지금까지 의상 스타일로 자신이 말하고자 하는 것을 분명히 보여준 것처럼 상황과 시간과 장소에 맞추어서 자신이 하고자 하는 것을 보여줄 것이다.

# 조용한 힘을 발하는 신디 매케인

　민주당의 오바마와 공화당의 매케인이 대통령 후보로서 경선을 벌리기 시작하면서 영부인 자리를 놓고 미셸과 신디도 경쟁 상대가 되었다. 이에 발을 맞추어서 여론 조사 기관들은 그들에 관한 호감도 조사에 나섰다. 그 결과 호감도는 미셸이 신디보다 조금 앞섰지만 비호감도는 미셸이 신디보다 2배나 더 높았다. 이는 미셸을 신디보다 좋아하는 사람도 많지만, 싫어하는 사람도 많다는 것을 말해준다. 미셸은 흑인이고 신디는 백인이며, 미셸은 40대이고 신디는 50대라는 데 그 이유가 있을 것이다.

　미혼자들이나 대학생 등 비교적 젊은 층과 흑인들은 미셸을 좋아한 반면에 기혼자나 비교적 부유한 중장년층 백인들은 신디를 좋아했다. 나이에 따른 성향과 출신이 호감도에 많은 작용을 한 것으로 보인다.

　미셸에 대한 전반적인 평가는 젊고 역동적이며, 자신의 의사가 분명하고, 자신이 무엇을 어떻게 해야 하는지 판단이 확실하다고 했다. 지지자들은 미셸이 남편과 가족에게 앞서서 헌신하는 모습에 호감을 보였다. 그리고 대선에 임하면서 적극적으로 남편을 지원하는 정치적 파트너로서 역할을 잘하고 있다고 평했다.

신디는 많이 알려진 것이 없을 정도로 대선에 적극적으로 나서지 않았으며 매케인의 선거 유세에 한 발짝 뒤로 물러난 듯한 인상을 주었다. 한편에서는 왜 좀 더 적극적으로 남편을 지원하지 않았는지에 대한 아쉬움도 표현했다. 그녀는 미셸과는 달리 조용히 매케인을 뒤에서 보살펴주는 전통적인 내조자의 역할을 했다. 그러나 신디도 자신이 나서야 할 자리에는 슬며시 모습을 나타내면서 힘을 발휘했다.

미셸이 조국이 처음으로 자랑스러웠다는 말로 파문을 일으켰을 때 항상 말이 없던 공화당의 영부인 후보 신디도 이 일과 관련된 언급을 하지 않을 수 없었다. 선거 유세에서 청중들이 그녀에게 이와 관련된 질문을 했기 때문이다. 그때 신디는 자신은 조국이 자랑스럽다고 대답했다. 짧은 한 마디였지만 오바마 측을 곤경에 빠뜨렸던 미셸의 말실수에 불을 지른 것이었다. 그 일로 잠시 미셸은 선거전에서 모습을 감추고 또 다른 전략을 구상해야 했다.

신디 매케인은 1954년도에 아리조나주 피닉스의 부잣집에서 태어났다. 그녀의 아버지는 미국에서 가장 규모가 큰 맥주 유통업체인 헨슬리를 소유하고 있었다. 신디는 대학을 졸업한 후 고등학교 선생으로 일했으며 30세 즈음에 막 이혼을 한 베트남 전쟁 영웅 존 매케인을 만났다. 그들은 첫눈에 반해 그 다음해인 1980년에 결혼했다.

존 매케인이 정치적 활동을 하는 동안 신디는 세 명의 자녀를 낳았고, 제3세계 어린이들을 위한 의료 봉사 조직을 만들며 여러 복지 사업에 관여했다. 아시아 북서부에 있는 조그만 나라 그루지야에 사태가 났을 때는 그곳 사람들을 돕기 위해 유엔 조직과 함께 방문했다. 1991년에는 방글라데시에서 언청이가 있는 한 아기를 입양하기도 했다.

신디는 1989년에 허리 통증으로 여러 차례 수술을 받으면서 진통제 중독이 되어버렸다. 불법적으로 약을 제공 받다가 약품 절도가 되어 벌금을 주고 풀려나는 경험도 하게 되었다. 이런 경험을 바탕으로 그녀는 중독의 위험성에 대해 사회에 알렸고 불리한 입장에 있는 사람에 대한 지원을 세계적으로 강화했다.

신디 매케인은 어머어마한 유산과 맥주 유통업체인 헨슬리를 물려받고 거부가 되었다. 2004년에 뇌졸중이 있었지만 지금은 완전히 회복했고, 대선전 때 매케인과 항상 동행했다.

신디는 명품 디자이너의 의상에 고가의 액세서리, 완벽한 차림새 등으로 감히 접근할 수 없는 거리감을 주기도 했다. 대선 운동 중 과거 약물 중독과 약품 절도 사건에 휘말린 것으로 곤욕을 치르기도 했다. 남편 매케인이 대선에 나가면서 신디가 워낙 부자인 탓에 그녀의 재산 상태가 도마에 오르게 되었다. 그녀는 대통령 후보가 아니라 그의 아내였기에 자신의 재산을 공개해야 하는 의무가 없는데도 여론에 밀려 결국 공개했는데, 2006년도 기준으로 연 소득이 600만 달러에 이른 것으로 밝혀졌다.

미국의 보수파는 신디 매케인을 이상적인 영부인으로 보았다. 큰 기업의 상속녀로서 사회적인 영향력이 막강한 그녀는 항상 남편을 곁에서 내조하되 절대로 앞에 나서지는 않았다. 우아한 의상과 우아한 미소에 머리카락 하나도 흩날리지 않을 정도로 완벽한 모습으로 나타났던 그녀는 내성적이면서 아주 영리한 여자이다.

선거 유세에 적극적으로 나서다 보니 많은 말을 하는 가운데 실수를 하곤 했던 미셸과는 달리 앞에 나서서 선거에 대해 많은 말을 하지 않는 신디이다 보니 말로 매케인을 곤란하게 하는 일은 없었다. 학창 시절 치어 리더로서 활동하고 로데오의 여왕이었던 그녀는 아직도 완벽한 몸매를 유지하고 있다. 그녀는 매케인이 대통령이 된다고 해도 절대로 매케인 정부의 일원이 되지 않을 것을 거듭 강조했고, 정치적 회의에 참석하는 것에 대해서는 꿈에서도 생각하지 않는다고 잘라 말함으로써 자신이 미셸과 완벽히 다른 개성을 가진 영부인 후보임을 밝혔다.

★ 보이는 이미지는 들리는 말보다 더 빨리, 더 강력하게, 더 크게 말한다. 이미지 메이킹으로 당신이 원하는 바를 설득하라.

★ 당신은 어떤 사람으로 보이기 원하는가? 당신의 모습으로 당신이 어떤 사람이 되기를 원하는지 보여주라.

★ 이미지로 당신이 최고에 도전하는 것을 보여주라. 머지않아 당신이 최고임을 인정받게 될 것이다.

★ 보이는 것과 말하는 것을 일치시켜라. 사람들이 당신을 신뢰하게 될 것이다.

# 4

# 오바마의 흔들리지 않는 굳건한 바위

Michelle LaVaughn
Obama

# 자신이 바라는 바로 그 사람이 되라

김연아는 일곱 살에 처음으로 피겨스케이팅을 시작하여 6년 후에 처음으로 국제 대회에 출전하였다. 그 후 여러 차례 우승을 거두면서 세계적인 선수로 인정받았으며 2009년 캐나다 밴쿠버에서 열린 4대륙 선수권 대회에서는 세계 신기록을 깨뜨렸다.

김연아는 자신이 원하는 것을 했기 때문에 자신의 잠재력을 가장 잘 발휘할 수 있었다. 그 결과 성공과 인정이 동반되었다.

인간은 각자 엄청난 잠재력을 갖고 태어난다. 사람은 자신이 바라는 사람이 되어갈 때 김연아처럼 잠재력을 가장 잘 발휘한다. 자신이 하고 싶은 것을 하면서 행복을 느낀다.

자신이 하고 싶지 않은 일을 할 때는 잘하지도 못하고, 능률도 오르지 않고, 성공하기도 힘들다. 성공이라는 경험이 적으면 성취감도 적고, 긍정적 피드백도 적다. 그런 상황이 계속되어 그 일을 할 힘이 없는데도 해야만 한다면 결국 불행한 삶을 살게 된다.

그러나 하고 싶은 일을 하면 기쁘고 즐겁고 자꾸 하고 싶어진다. 그러면 잘할 수밖에 없고, 인정을 받게 되고, 보상이 따르게 된다. 이는 곧 성공과 행복한 삶으로 이어진다.

많은 경우 사회적 환경은 우리에게 어떤 일을 해야 한다는 압박감을 준다. 그렇게 하지 않으면 사회적으로 소외될 것 같고, 성공하지 못할 것 같은 느낌을 주기 때문에 그것이 자신의 길이 아닌 듯해도 많은 사람들이 자연스레 이끌려가고 있다. 자신이 하고 싶지 않은 일을 하면서 돌이키기에는 너무 먼 길을 간 경우 결국 그곳에 불행한 채로 주저앉게 된다.

그러나 이대로 머물러서는 안 된다. 자신에게 물어보아야 한다. 나는 누구인가? 나는 왜 여기에 있으며, 무엇을 원하는가? 나는 진정 내가 바라는 사람이 되어 가고 있는가? 지금 내가 누구의 아내이며, 누구의 자녀이며, 누구의 엄마인지는 잊어버리고 먼저 내가 누구인지를 심각하게 생각해보기 바란다.

자신이 할 일을 하면서 자신답게 살아가고 있는 사람은 설사 지금 바라는 곳에 있지 않더라도 행복하다. 머지않아 자신이 바라는 소망을 이룰 것이기 때문이다.

여자이기 때문에 어떠어떠하게 행동하고 생각해야 한다는 생각에 사로잡히지 마라. 누구의 아내이기 때문에 이렇게 행동하고 이렇게 생각해야 한다는 생각에도 사로잡혀 있지 마라. 당신은 바로 이 세상에 없어서는 안 될 소중한 존재라는 것을 생각하고 어떻게 살아야 할지를 먼저 고민해보라.

자신을 얽매고 진정한 자신이 되지 못하게 하는 것은 바로 당신 자신이다. 물론 시대적 교육 풍조나 전통적, 사회적 분위기에 영향을 받을 수도 있다. 그러나 그것을 받아들인 것은 바로 당신이므로 당신에게 그 책임이 있다. 결국 자신을 어떤 틀 속에 집어넣고 거기에 맞는 작은 사람으로 만든 것은 자신임을 부인할 수 없다.

미셸은 일반 사람들보다 더 불리한 조건 속에 살았다. 미국이라는 땅에서 흑인, 그중에서도 여성으로 태어났고, 게다가 경제적으로 어려운 가정에서 자라났다. 그러나 미셸을 보면 어떠한 것에도 억압되지 않는 자유로운 영혼을 가진 듯하다. 그 어디에서건 하고 싶은 말을 하고 입고 싶은 옷을 입고 원하는 것을 한다. 이러한 자신감은 자신이 원하는 삶을 살기 위해 도전하고 장애를 뚫고 성취한 사람에게서 찾을 수 있다.

진정 자신이 바라는 삶을 살 때 그 어떤 상황 속에서도 당당하고 자신감이 넘치며 유연하고 강인해진다. 반드시 성공도 뒤따르게 된다.

# 오바마의 흔들리지 않는
굳건한 바위

오바마는 갑자기 떠오른 정치 스타인만큼 대통령 선거가 시작되고 나서야 사람들의 눈에 띄었다. 그 오바마 곁에는 더욱 검은 여인 미셸이 서 있었다.

오바마와 선거 유세에 동반한 미셸을 볼 때면 누구도 침입할 수 없는 견고한 관계가 느껴진다. 포옹이나 키스나 눈맞춤으로 서로에게 사랑을 표하고, 서로에게 용기를 불어주는 모습은 대중에게 보여주고자 하는 의도된 행동으로 여겨지지 않고, 진정한 서로의 마음을 여실히 나타내는 것으로 느껴진다.

오바마는 미국 제44대 대통령 당선 수락 연설에서 지난 16년간 자신의 가장 좋은 친구이고 가족을 든든히 지켜준 사랑하는 아내 미셸의 굳은 지지가 없었더라면 자신이 그 자리에 결코 설 수 없었을 것이라는 말로 연설의 포문을 열었다. 그리고 미셸이 자신이 흔들리지 않도록 굳건하게 잡아주는 바위이자 현명한 비평가가 되어준 것에 대해서 감사를 표했다. 그 말에 대해 아무도 이의를 제기할 사람이 없을 정도로 미셸은 대선 과정 내내 오바마의 강력한 동행자가 되어주었다.

미셸의 영향력은 대단했다. 흑백 혼혈인 오바마가 흑인의 표를 끌어들이는 데는 약점으로 작용할 수 있는 부분을 순수 흑인인 미셸이 메워주었다. 또한 간결하고도 이성적으로 메시지를 전하는 오바마와 달리 미셸은 감성적이면서도 약간은 보통사람다운 언어로 사람들의 마음을 끌어오기도 했다. 이 외에도 미셸은 많은 것으로써 오바마에게 부족한 부분을 완벽하게 채워주는 역할을 했다.

오바마는 미셸과 한 자리를 놓고 경쟁하지 않은 것이 천만다행이고 감사한 일이라고 했다. 왜냐하면 미셸이 별로 힘들이지 않고 자신을 이겨버릴 것이기 때문이라고 했다.

오바마는 정말 미셸이 자신보다 더 영리하고 더 강인하고 더 매력적이라고 할 정도로 자신보다 더 나은 사람이라고 생각한다. 그만큼 미셸의 능력을 인정하고 있기에 미셸에게 자신의 유세 연설을 교정하게 했고, 미셸의 아이디어를 항상 심사숙고하며 들었다. 미셸이 단독으로 선거 유세를 하는 것에 대해서도 환영했다.

오바마가 2004년에 민주당 전당 대회의 기조연설을 하기 전에 있었던 일이다. 늘 지역 사회 운동가로 활동했기에 연설을 하는 자리가 낯설지 않던 오바마에게도 그 자리는 특별히 떨리는 곳이었다. 미셸은 그런 오바마의 마음을 알고 연단 뒤에서 도닥거려 주었지만 오바마의 떨림은 그치지 않았다.

연설을 하기 직전 오바마는 미셸에게 말했다. "나 너무 떨려서 가슴이 막혀버릴 것 같아." 그때 미셸은 오바마를 꼭 껴안아주면서 눈을 똑바로 쳐다보았다. 그리고 말했다. "망치지나 마셔, 이 친구야!" 그 말에 오바마는 미셸과 웃느라 긴장이 확 달아났다.

그 연설은 모든 청중과 시청자들을 감동시킨 명연설로 평가되었다. 오바마를 정치 스타로 발돋움시켰고 오바마의 시대를 여는 서막이 되었다.

오바마가 대통령이 된 것은 그의 말처럼 결코 혼자 이룬 것이 아니다. 미셸이 함께하는 가정적 토대가 있었고 그녀의 전폭적인 지원이 있었기 때문에 가능했다. 특히 남다른 가정에서 자란 오바마는 가정적인 안정감이 필요했다. 그 부분을 소박하지만 안정된 가정에서 성장한 미셸이 채워주었다. 미셸과 오바마는 가정적 토대가 중요하다는 것을 경험상 잘 알고 있기 때문에 자신들의 가정을 굳건한 토대 위에 세우려고 항상 노력했다.

아버지가 없는 가운데 성장한 오바마는 자신이 누구인지 끊임없이 질문하며 답을 찾아야 했다. 나는 어디서 왔으며 어디에 속했는가? 나의 정체성과 내적인 평화는 어디에서 얻어야 하는가? 오바마는 그 해답을 흑인 빈민을 돕는 일과 정치적인 일에서 찾기 시작했고 결국 기독교 신앙에서 얻었다.

오바마는 자신과 비슷한 내적인 갈등을 하고 있으면서도 자신과는 다른 단란한 가정에서 자란 미셸과 결혼하여 안정된 가정을 꾸림으로써 자신이 추구하는 이상을 실현해나갈 수 있었다. 그래서 오바마는 미셸을 '나의 바위'라고 말한다. 자신이 흔들리지 않도록 든든하게 지탱해주는 사람이라는 의미다.

이런 미셸과 오바마를 보면 부부가 힘을 합친다면 그 무엇도 못할 것이 없다는 실감이 든다.

굳건한 부부 관계는 그저 이루어지지 않는다. 서로 많은 갈등을 해소하려는 노력이 있어야 한다. 오바마는 연방 상원의원이 되면서 워싱턴에 있어야 했기에 주중에는 가족이 살고 있던 시카고를 떠나야 했다. 그에 따라 미셸은 가정일과 자녀 양육을 도맡아야 했고, 부부 사이는 점점 소원해졌을 뿐 아니라 점점 갈등이 생길 조짐이 나타났다. 그때 미셸은 그 문제에 대해 단호하게 오바마에게 얘기했고, 오바마는 미셸의 의견을 받아들이고 가정의 중요성을 잊지 않으려고 노력했다. 오바마는 시간이 나는 대로 워싱턴에서 시카고로 돌아와 가족과 함께 시간을 보내려 했고 갈등은 자연스럽게 해소되어 갔다.

미셸은 오바마의 유세장에 두 딸을 자주 데리고 갔다. 혹 그것이 여의치 않으면 노트북을 이용하여 화상 전화라도 하게 했다. 선거 운동으로 자칫 멀어질 수 있는 딸과 아버지를 잠시라도 연결함으로써 오바마에게 그 무엇에 앞서서 두 딸의 아버지라는 것을 확인시켜주었다.

선거 유세가 한창 진행 중이던 때에 오바마는 모든 선거 유세 일정을 취소시키고 시카고로 가서 가족과 함께 발렌타인데이를 보냈다. 그것 역시 오바바에 대한 미셸의 세심한 배려로 가능했다. 그에게 가정적 안정감을 잃지 않음으로써 더 큰 일을 할 수 있도록 하기 위한 것이었다.

오바마가 대통령이 되는 것은 아주 중요한 일이었다. 그러나 미셸은 잊지 않고 있었다. 인간의 가장 기본 되는 토대는 가정이라는 것을. 만약 오바마가 가정적인 안정감을 느끼지 못한다면 대통령으로서 역할도 잘해낼 수 없을 것이라는 것을. 뿌리가 약한 나무는 바람에 흔들릴 수밖에 없고, 뿌리마저 뽑혀버릴 수 있으니까 말이다.

미셸은 오바마가 대통령에 당선된 후에는 힐러리가 국무 장관에 내정되기까지 오바마와 힐러리의 관계가 개선되고 의사소통이 유연해지도록 길을 닦아주기도 했다. 힐러리에게 여러 차례 전화해서 백악관 생활과 백악관에 들어간 딸들에 대한 조언도 구했다. 그리고 힐러리의 조언을 받아 힐러리의 딸 첼시아가 다녔던 학교로 두 딸들을 보내기로 했다. 그러는 사이 두 사람이 서로 친해져서 민주당 경선으로 생긴 팽팽한 긴장도 풀렸다. 이처럼 미셸은 항상 오바마의 든든한 바위가 되어주고 있다.

# 남편이자 연인 오바마에게
# 장미를 선물로 받는 여인

미셸과의 16번째 결혼기념일에 오바마는 선거 유세를 위해 필라델피아에 있었다. 오바마는 아내 미셸을 위해 필라델피아 근교 꽃집에서 하얀 장미 열두 송이를 샀다. 매년 하는 일이었는데 그날은 수많은 기자들과 사진사들이 오바마를 따라 꽃집으로 갔다. 꽃을 산 오바마는 결혼기념일을 아내와 보내기 위해 시카고로 향했다.

대통령 선거 유세 중이라는 매우 바쁘고도 특별한 상황 때문에 한 해 정도 결혼기념일을 지나치거나 미룰 수도 있었을 것이다. 오바마가 워낙 힘든 선거전을 치루고 있었기 때문에 미셸은 오바마가 이번에는 결혼기념일 파티를 하지 않을 것이라고 생각했다. 무리한 일 같아서 오바마에게도 결혼기념일에 대해서는 신경쓰지 말라고 했다.

그러나 오바마는 그 무엇보다 아내와 결혼기념일을 지키는 것이 중요하고 당연하다고 생각했다. 그는 집에 돌아가서 미셸에게 결혼기념일을 보내기 위해 레스토랑으로 가자고 했다.

어느 토크쇼에 출연한 미셸은 오바마가 자신에게 꽃을 사주고 싶다고 해서 자신이 꽃을 선물로 받을 줄 알았다고 했다. 그것도 하얀 색일 줄 알고 있었다고 했다.

미셸은 결혼기념일을 지키기 너무나 힘든 상황에도 오바마가 시간을 내어줘서 매우 기뻤다고 했다. 오바마 역시 미셸이 기뻐할 것을 생각했기에 그 날을 행복해 하며 즐겼다.

결혼 16년이 되는 기념일에 남편에게 장미꽃을 선물받는 여인은 그리 많지 않을 것이다. 물론 결혼 후 몇 해 동안은 대체적으로 남편들이 결혼기념일을 맞으면 멋진 이벤트를 한다. 그러나 시간이 흐르면서 일이나 자녀 문제 등으로 점점 그렇게 못하게 되는 때가 많아지기 마련이다. 아직 남편에게 장미꽃 다발을 받을 줄 생각하고 있고, 그 생각대로 정말 장미꽃 다발을 받고 있는 미셸은 오바마가 남편이자 친구이며 연인이라고 털어놓았다. 그리고 서로가 상대에게 여러 면에서 없어서는 안 될 액세서리가 되고 있다고 했다.

액세서리의 역할은 무엇일까? 돋보이게 하는 것이다. 미셸은 오바마가 있어서 혼자 있을 때보다 더욱 빛이 나고, 오바마는 미셸이 있어서 혼자 있을 때보다 더욱 빛이 나는 존재다.

오바마는 앞으로 백악관 생활에 대해서도 먼저 아내의 뜻을 존중하겠다고 했다. 그는 가정의 최후 결정권은 아내에게 있다고 하면서 '아내가 행복해야 모든 사람이 행복하기 때문'이라고 했다.

남편에게 여전히 꽃다발을 받는 여자 미셸, 아내가 행복해야 모든 사람이 행복하다는 말을 남편에게 듣는 여자 미셸, 그런 그녀가 남편 오바마에게 특별한 매력을 느낄 때가 있다. 그것은 바로 오바마가 대중 앞에서 자신의 열정을 쏟아 놓을 때다.

미셸은 시카고 남부의 어느 교회 지하에서 오바마가 지역 사회 흑인들에게 연설할 때 처음으로 그에게 남자로서 끌렸는데 대선을 치르던 중에도 마찬가지였다. 미셸은 남편 오바마가 연설을 하면서 자신에게 미소를 보내거나 청중을 사로잡을 때 매력을 느낀다고 했다.

미셸과 오바마가 서로 따뜻함을 주고받는 장면이 절정에 이른 것은 대통령 당선 수락 연설 전에 그의 가족이 연단에 올랐을 때였다. 가족과 함께 대중에게 인사를 한 후 오바마는 두 딸의 뺨에 키스를 해주었다. 그리고 미셸을 따뜻하게 포옹해주면서 무언의 말을 주고받았다. 그 후 세 명은 오바마가 연설을 할 연단에서 뒤돌아 사라졌다. 그의 가족은 네 사람이 아니라 하나라는 생각이 드는 순간이었다. 미셸이 없었더라면 대통령이 되지 못했을 것이라던 오바마의 말 그대로 미셸이 있기에 오바마는 더욱 힘 있는 존재가 되고 있다.

# 높은 자존감으로
# 대중을 사로잡은 여인

미셸은 친근한 이웃 여자의 모습으로 대중에게 다가갔다. 공화당 후보 매케인의 부인 신디가 엄청난 고가의 의상을 입고 나와 일반 대중으로서는 감히 접근할 수 없는 이미지를 보여준 것과는 반대되는 모습이다. 사람들은 그런 미셸을 보고 흑인 여성인 저 여자가 할 수 있다면 나도 할 수 있다는 용기를 얻었고 자신이 할 수 없는 일을 미셸이 이루었다는 것에 대리만족하며 그녀에게 매료되었다.

미셸이 대중의 관심을 끌었던 가장 큰 이유는 삶을 성공적으로 이룬 이야기 때문이다. 보통 수준에도 못 미치는 환경에서 자란 흑인 여성으로서 세계 최고의 대학을 나와 일류 회사의 변호사가 되고 대학 병원의 부원장이 되어 3억 원에 이르는 연봉을 받고 있었으니 말이다. 게다가 그녀가 만난 남자가 대통령이 되겠다고 나섰으니 대중은 짜릿한 대리만족을 느끼지 않을 수 없었을 것이다.

오바마의 성공 이야기가 아메리칸 드림을 이룬 일이라고들 말하지만 미셸의 성공 이야기 역시 그에 못지않다. 사람들은 오바마와 미셸에게서 자신들이 꾸었던 꿈을 보았다. 이룰 수 없어서 그냥 가슴속에 묻어두었던 꿈이 오바마와 미셸을 통해서 떠오른 것을 보고 다시금 꿈을 꾸게 되었다. 오바마와 미셸이 함께 그 꿈을 이루자고 하는 메시지에 마음이 흔들리지 않을 수 없었다.

로드아일랜드 대학에서 오바마의 민주당 대통령 후보 선거 유세가 시작되고 있을 때였다. 그곳은 입구에서부터 오바마 열풍이 대단했다. 사람들은 서로 연단쪽에 자리를 잡기 위해서 밀고 들어오고 있었다. 그들은 직접 오바마의 얼굴을 그린 피켓을 높이 치켜올리며 오바마의 슬로건인 '그래, 우리는 할 수 있어!'를 소리 높여 외쳤다.

미셸이 연설을 하기 위해 연단으로 걸어들어왔는데 생각하지 않은 장면이 벌어졌다. 그녀는 눈물을 두 눈에 가득 머금고 두 손으로 얼굴을 감싼 채 몇 초간 꼼짝하지 않고 마이크 앞에 서 있었다. 환호성으로 가득 차 있던 대학 강당은 갑자기 조용해졌다. 사람들의 손에 높이 들려졌던 피켓도 아래로 사라지고 정적마저 감돌았다.

바로 그때 미셸이 고개를 들면서 눈물을 닦더니 환하게 미소지으며 연설을 시작했다. 그러자 열광적인 환호성이 울려퍼졌고 미셸은 남편 오바마처럼 팔을 높이 들어 승리를 확신하는 모습을 보여주었다.

그녀는 왜 자신이 눈물을 흘렸는지 말하지 않았다. 누구나 불가능하다고 말하던 흑인 대통령 탄생이 가능해지고 있는 현장을 보고 격한 감동이 가슴속에 밀려와서 그랬는지도 모른다. 대중의 주목을 끌기 위한 방법이었을 수도 있다. 어떤 이유의 눈물이었건 간에 미셸의 눈물은 많은 사람의 마음을 사로잡았다. 이유를 알 수 없는 미셸의 눈물에 사람들의 마음이 끌렸다는 것은 그녀에 대해 마음이 이미 열려 있었다는 것으로 해석해도 좋을 것이다.

오바마의 경쟁자 힐러리 역시 대중 앞에서 눈물을 보인 적이 있다. 그것도 두 번 씩이나. 민주당 경선 초기에는 대부분 사람들이 이제 미국에 여성 대통령이 나올 수도 있다고 생각했는데 그 기대는 시간이 지나면서 오바마라는 돌풍에 밀려 희박해지기 시작했다. 뉴햄프셔주의 경선 준비를 하는 중 한 지지자가 힐러리에게 그녀의 지지율이 밀리는 것과 상관없이 항상 자신감이 넘치는 비결이 무엇인지 물었다. 그 질문에 답하던 힐러리의 눈에는 눈물방울이 맺혔다.

힐러리의 눈물이 대중에게 보여진 후 민주당 뉴햄프셔주 예비선거에서 힐러리가 예상을 뒤집고 오바마를 이겼다. 물론 그 결과에 대해서 힐러리의 눈물이 승리에 영향을 미쳤다는 많은 말들이 있었다.

　민주당 대통령 후보가 누가 될지 판세가 갈라지는 슈퍼 화요일 바로 전에 일부 여론 조사 기관에서는 오바마의 지지율이 힐러리를 앞섰다고 했다. 그 무렵 힐러리는 예일 대학의 아동연구센터를 방문했는데 그곳은 오래 전에 그녀가 인턴 생활을 했던 곳이다. 당시 함께했던 한 관계자가 힐러리는 늘 어린아이들의 챔피언이었다고 하면서 힐러리가 자랑스럽다고 소개했다. 그 순간 힐러리의 뺨에 눈물이 흘러내렸다.

　힐러리의 눈물과 미셸의 눈물에 대해서는 의견이 분분했다. 힐러리의 눈물은 표를 얻기 위해 흘린 의도적인 것이었다는 말이 많았지만, 미셸의 눈물은 아무도 가짜라고 생각하지 않았다. 물론 힐러리는 직접적으로 선거에 나간 장본인이고, 미셸은 후보의 부인이라는 차이가 있어서 그럴 수도 있다.

　미셸은 감정 표현이 무척 자유로운 편이다. 울고 싶으면 언제라도 울어버리고, 웃고 싶을 때는 아무도 웃지 않아도 혼자 웃어버린다. 그녀는 화가 나면 청중으로 하여금 자신이 화가 난 것을 느끼도록 했다. 여느 사람들처럼 일상생활 속에서 힘들었던 일, 자녀 문제 등을 거침없이 내뱉어버렸다. 사람들은 그런 그녀에게 마음이 이끌렸다. 왜냐하면 자신들과 같은 생활을 하는 미셸에게 공감대가 형성되었기 때문이다. 미셸은 위에서 아래로 누군가를 리드하는 태도보다 그녀 자신이 아래에 함께 있으면서 사람들을 이끌어 올리는 태도로 더욱 대중의 마음을 사로잡았다.

내적 억압이 있는 사람은 자기 감정과 생각을 있는 그대로 드러내어 정확히 표현하지 않는다. 이러한 내적 억압은 자존감 부족과도 연관 지을 수 있다. 자신의 가치를 인정하는 사람은 자신의 감정과 생각 역시 가치가 있다고 여기기 때문에 자신을 있는 그대로 표현한다. 그러한 솔직함은 사람들에게 호감을 주기 마련이다.

미셸은 미국 대통령 선거라는 특수한 상황에서 아내인 자신의 말 한 마디 한 마디가 남편의 행보에 얼마나 큰 작용을 하는지 깨닫기 전이었던 선거 활동 초기에 대중 앞에서 너무 솔직하게 자신과 오바마에 대한 사소한 말들을 많이 했다. 미셸의 그런 솔직한 말로 파문이 일자 오바마 선거 캠프는 즉각적으로 대응하여 미셸의 연설 방향을 전환했다. 그러나 그 당시 미셸의 솔직함이 바로 대선 초기부터 대중의 시선과 관심을 끈 요인이었고, 그것은 대선이 끝나고 영부인이 된 지금까지 마찬가지다.

자존감이 높은 사람은 자신을 결코 남과 비교하지 않는다. 미셸이 신디와 같이 비싼 옷을 입지 않고도 당당한 것은 자존감이 높기 때문이다. 미셸에게는 신디는 신디고, 자신은 자신일 뿐이다. 사실 미셸이 대선 운동에 입고 나왔던 옷들은 신디가 입고 나왔던 것과 많이 차이 났다. 가격에 많은 차이가 있었으리라는 것은 한눈에 보아도 알 수 있을 정도였다. 그러나 미셸의 당당함은 그 옷을 돋보이게 했고, 의상에 대해 숱한 찬사를 받게 했다. 결코 미셸이 더 옷을 잘 입어서가 아니라 당당함이 그 모든 것을 뛰어넘어버린 것이다.

미셸이 성공하는 데 가장 많이 기여한 것은 바로 높은 자존감이라고도 할 수 있다. 조상 대대로 노예의 후손이라는 생각을 떨쳐버릴 수 없는 출신과 환경에서 높은 자존감을 갖는다는 것은 결코 쉬운 일이 아니다. 그러나 자존감은 미셸이 출신과 환경을 딛고 하나씩 성공을 이루게 했고 그때마다 지속적으로 높아갔다.

자신의 삶을 성공하는 사람과 성공하지 못하는 사람의 가장 큰 차이는 자존감이다. 자존감이 높은 사람은 자기 내면에서 생명이 싹트고 열매를 맺도록 자신을 활짝 열어둔다. 또한 자신에 대한 가치를 인정하고 매사에 긍정적인 생각을 한다. 그러나 자존감이 낮은 사람은 자기 안에서 생명이 싹을 틔우지 못하도록 자신을 꽁꽁 닫는다. 자신의 가치를 인정하지 않고 매사에 부정적인 생각을 하는 것이다.

성공하기 원한다면 자존감을 높여라. 어떤 상황에서도 긍정적인 생각과 말을 하라. 부정적인 언어와 생각은 성장을 막지만, 긍정적인 언어와 생각은 성장을 돕는 영양분과도 같다.

# 만인의 연인으로
# 만족하지 않을 여인

미국 대통령 선거 운동이 진행되는 동안 미셸은 많은 사람들의 눈길을 끌며 사랑받았다. 매력적인 외모도 그러했지만 개성적인 스타일이며 언변은 새로운 만인의 연인 등장을 서서히 예고하고 있었다. 그러나 그 꼭짓점은 대통령 당선 수락 연단에 오바마와 함께 나타냈을 때였을 것이다.

전통적인 영부인과는 사뭇 다른 모습으로 나타나서 환한 미소로 인사하고 오바마의 포옹과 다독거림을 받고 뒤돌아서서 연단을 떠나는 미셸에게는 만인의 연인 그 이상의 것이 엿보였다. 그녀는 그날 누군가의 아내로서 그 자리에서 또 다른 주인공이 되었다.

대표적인 만인의 연인으로는 역시 케네디 전 대통령 부인 재클린을 들 수 있다. 그리고 영국의 왕세자비였던 다이애나, 현존하는 인물로는 프랑스 사르코지 대통령의 부인 카를라 브루니를 들 수 있다. 그들은 가는 곳마다 세인들의 관심과 사랑을 한몸에 받았고, 재클린과 다이애나는 세상을 떠난 후에도 계속해서 사람들의 마음속에 남아 있다.

그럼 미셸은 어떠할까? 그녀는 자신이 만인의 연인이 되는 것을 어떻게 받아들일까?

미셸은 외적인 인상으로 보아도 남편 곁에서 조용하고 다소곳이 내조하고 있을 여인으로 보이지는 않는다. 굽이 높은 구두를 신는다면 남편과 키가 같을 정도로 크고, 매일 운동을 할 정도로 체력이 좋고, 떡 벌어진 어깨에 시원시원한 외모는 누구나 시선이 가는 그런 여자이다. 그리고 감히 사람들로 하여금 쉽게 덤벼들지 못하는 강인함이 느껴지고 눈에는 지적인 열정이 넘쳐난다. 일과 가족과 신앙과 자신을 중요하게 생각하며 누구도 따라 할 수 없을 정도의 성공을 이루어냈다.

미셸은 이제 미국 국민이 오바마에 대해 알기 시작했다고 하면서 그는 리더로 태어난 특별한 남자라고 했다. 미셸은 그런 남자를 부드럽게 할 줄 아는 유연성을 지닌 여성이다. 점점 더 많은 사람들이 미셸의 행보에 열광하며 그녀의 남편 오바마를 지지했다.

오바마가 대통령에 취임하는 날 미셸은 오바마와 다정하게 손을 꼭 잡고 다니며, 오바마가 성경에 손을 올리고서 취임 선서를 하는 동안 성경을 두 손으로 받쳐주었다. 축하 무도 회장에서는 하얀 드레스를 입고 오바마와 서로 깊숙이 눈을 들여다보면서 환한 미소를 지으며 춤췄다. 여성이라면 누구나 한번은 그런 꿈을 꾸고 싶은 장면일 것이다.

지금은 대통령인 오바마가 주인공이라 할 수 있다. 그러나 오바마가 주인공이 되도록 대선 운동에서나 가정적으로나 잘 뒷받침해준 일등공신은 바로 미셸이다.

미셸은 모든 사람들에게 환경 때문에 이룰 수 없다고 생각했던 것을 이룰 수 있고, 변화할 수 없다고 생각했던 것을 변화시킬 수 있으며, 이제부터는 지금까지와는 다르게 살 수 있다고 했다. 우리는 누구나 자신이 있고 싶은 곳에서 하고 싶은 일을 하면서 인간된 삶을 누릴 수 있다는 것을 보여주었다.

미셸은 또한 모든 사람들이 선망의 눈으로 바라보는 영부인 자리에서 그저 사람들의 눈길과 사랑을 받기만 하는 만인의 연인에 만족하기보다 자신의 삶을 역할 모델로 제시하고 있다. 그런 그녀가 어떤 인물이 될지는 아무도 모른다. 링컨과 같은 정치적 인물이 될 수도 있고, 킹 목사와 같은 사상적 지도자가 될 수도 있다. 테레사 수녀처럼 여성 리더로서 강력한 영향력을 발휘할지도 모른다. 많은 사람들이 꿈을 이룬 역할 모델로 삼고 있는 미셸은 이미 만인의 연인을 넘어서서 이 시대가 필요로 하는 리더의 길을 가고 있는지도 모른다.

★ 다른 사람이 당신에게 바라는 삶이 아닌 당신 자신이 원하는 삶을 살라. 그러면 자신만의 독특하고 성공적인 삶을 살 수 있을 것이다.

★ 다른 사람을 일으켜 세워주고 받쳐주는 사람이 되라. 세워주고 받쳐주는 사람이 그 사람보다 더 큰 사람이다.

★ 무엇을 받기 원한다면 먼저 주라. 그러면 원하는 것을 얻게 될 것이다.

★ 당신이 얼마나 소중하고 가치 있는 사람인지를 깊이 깨달아라. 그래야 다른 이를 소중하고 가치 있는 사람으로 대할 수 있다.

# 5

화려한 언변으로
미국의 꿈을 끓어오르게 하다

# 꿈을 말로 선포하라
# 그러면 이루어질 것이다

**꿈**은 인간 내면에 있는 그림이기 때문에 눈에 보이지 않지만, 언어를 통해서 나타난다. 그렇다고 그 형체가 보이는 것은 아니지만 그 내면의 이미지는 언어라는 말을 통해 다른 사람에게 전달되어 자리 잡는다. 자주 말할수록, 강력하게 말할수록 내면의 이미지는 더욱 삶의 수면 위로 가까이 떠오르는 속성이 있다.

한 사람이 마음속에 꿈을 간직하고 있는 것과 대중이 함께 공유하는 것은 영향력을 비교조차 할 수 없다. 한 그루 나무는 폭풍에 쉽게 뿌리가 뽑힐 수 있지만 뿌리끼리 얽혀 있는 풀들은 서로를 지탱하며 요동하지 않는다. 이와 같이 한 사람 속에 담겨진 꿈은 쉽게 사라질 수 있지만 대중에게 심겨진 꿈은 견고하게 유지된다.

그렇기 때문에 링컨 대통령은 물론 케네디 대통령과 킹 목사도 자신의 꿈을 대중 앞에 선포했다. 그 꿈은 무수한 세월이 지나고 세대와 세대가 변해도 대중 속에 살아 숨 쉬며 이루어지고 있다.

꿈이 삶 속에 이루어지는 데는 시간이 필요하므로 즉시 성취되지 않는다고 해서 실망하지 말아야 한다. 꿈을 접어버리지도 말아야 한다. 분명히 이루어진다고 확신하며 선포하면 시간이 되었을 때 꿈은 반드시 모습을 드러낸다.

흑백의 혼혈인 오바마가 미국의 대통령이 되고 더군다나 순수 흑인인 미셸이 백악관에 입성한 것은 링컨 대통령과 케네디 대통령 그리고 킹 목사가 제시한 꿈이 이루어진 것이라 할 수 있다.

링컨은 당대의 대통령이자 지도자로서 '분열된 가정'에 대한 역사적인 연설을 한 것으로 유명하다. 그는 일리노이주 스프링필드의 옛 의사당 앞에서 '절반은 노예이고 절반은 자유인인 분열된 가정은 제대로 설 수 없습니다'라고 외치면서 노예 제도로 대립하고 있던 미국 국민들의 화합을 호소했다. 그것은 링컨의 노예 해방과 남북 화합의 꿈을 상징적으로 선언한 것이었다.

그런데 바로 그 자리에서 오바마가 자신의 대선 출마를 알리고 링컨의 게티스버그 연설을 인용하며 '새로운 자유의 탄생을 선도합시다'라고 외치면서 미국의 통합과 변화의 비전을 선포했다. 그리고 미셸은 오바마 곁에서 온 몸과 온 가슴으로 소리없이 그를 따라 꿈을 선포하고 있었다.

킹 목사는 오바마와 미셸이 어린 아이였을 때 미국 국민들을 향해서 꿈을 선포했다. 그 장소는 후일 오바마와 미셸이 나란히 백악관으로 입성했던 워싱턴 광장이다. 킹 목사는 지금 이 땅에 없지만 아직도 사람들의 마음속에는 그때 그가 외쳤던 '나에게는 꿈이 있습니다' 라는 말이 남아 있다. 킹 목사는 억압에 시달리면서도 희망을 잃은 사람들에게 '이 세상에 이루어진 모든 것은 바로 희망이 만든 것입니다' 라고 하며 희망의 메시지를 전했다. 최고의 연설로 꼽히는 그의 메시지는 인종 차별에서 벗어날 길이 없는 사람들의 갈망에 불을 지폈다. 그리고 시대를 지나 오바마와 미셸의 가슴속에, 그리고 뭇 미국인들의 가슴속에 또렷이 새겨졌다.

오바마와 미셸은 하나되어 미국을 향한 변화와 통합의 희망을 선포했다. "그렇습니다. 우리는 할 수 있습니다!"

킹 목사가 선포한 꿈은 분명 오바마와 미셸의 가슴에만 심어진 것은 아닐 것이다. 그러했기에 미국 국민들은 오바마의 입을 통해 다시 한 번 선포되고 있는 그 예전의 꿈을 상기했다. 그리고 킹 목사가 제시한 꿈이 현실로 이루어질 때가 가까웠음을 오바마가 제시하는 비전을 듣고, 또 오바마와 미셸이 나란히 백악관으로 들어가는 것을 보며 알게 되었다.

케네디는 진부한 정치상에 대해 도전하며 변화해야 한다고 외쳤다. 그래서 자신의 대통령 수락 연설에서 구시대가 끝났음을 선포했고, '세계가 변하고 있으므로 우리가 변해야 한다' 고 했다. 그는 다 함께 이 나라를 다시 한 번 잘 만들어보자는 구호를 외치면서 새로운 시대에 대한 희망을 불러일으켰다. 사람들은 바로 그 케네디를 오바마에게서 보고 있고 케네디와 함께 했던 재클린을 미셸에게서 보고 있다.

케네디와 재클린은 이 세상에 없지만, 그들이 품고 선포했던 꿈은 오바마와 미셸 속에 자라고 있다가 때가 되어 현실로 이루어졌다.

꿈이 분명하지 않으면 언어로 선포하기 힘들다. 확신이 없기 때문이다. 아직 보지 못한 것에 대해 확신할 수 없는 존재가 인간이지만 꿈을 품었다면 말로 선언해보라. 남들에게 할 수 없다면 먼저 자신에게 하라. 글로 써도 좋고 입으로 말해도 좋고 그림으로 그려보아도 좋다. 꿈을 말할수록 확신이 생길 것이다. 확신이 생긴다는 것은 점점 꿈이 현실을 향해 다가오고 있다는 신호이다.

나는 '나의 책이 세계 20개국 언어로 출판될 것이다' 라고 선언한다. 이제 세 개의 언어로 출판되었다. 한국어, 독일어, 그리고 중국어다. 그 꿈이 내 삶의 최종 목적은 아니지만 그곳으로 가는 하나의 길목 역할을 한다. 나는 지금 이 글을 읽는 사람이 듣도록 선언한다. 말은 이루는 힘이 있다는 것을 확신하기 때문이다.

꿈에 대한 확신이 충분히 커지면 다른 사람에게 선언할 수 있게 된다. 선언하기에는 두려움도 있고, 걸림돌도 있고, 자신감도 부족할 수 있지만 그것을 넘어야 한다. 남에게 선언하면 그 말을 내가 듣고 다른 사람이 듣고 이 우주 전체가 듣는다. 그 말은 마치 자석과도 같아서 당신의 꿈을 끌어당길 것이다. 갑자기 기회가 다가오고, 정보를 얻게 되고, 자신도 모르게 꿈을 실현할 수 있는 곳으로 가거나 꿈을 이룰 수 있는 상황이 다가올 수도 있다.

# 화려한 언변으로
# 미국의 꿈을 끓어오르게 하다

대선에 출마하면서 오바마는 미국의 변화와 통합에 대한 비전을 선포했다. 그 비전에 대한 국민들의 갈망과 그것을 이룰 수 있다는 희망은 오바마가 연단에 설 때마다 더욱더 뜨거워져 갔다.

오바마를 위해서 단독적으로도 유세를 하는 미셸의 연설 또한 미국을 점점 더 대선전의 열기 속으로 끌어당겼다. 미셸 역시 오바마와 마찬가지로 자신의 삶 자체로 사람들에게 꿈을 심어주기에 충분했다. 마치 물이 끓으면 김이 나기 시작하는 것과 같이 미셸의 연설을 들은 사람들의 마음에 꿈이 끓어올라 나타나기 시작했다.

미셸은 대선전에서 오바마가 내세웠던 경제, 의료, 정치적 문제 등에 대해서도 연설했다. 그러나 미셸은 오바마가 빵에 버터도 제대로 바를 줄 모르고 버터를 냉장고에 넣지 않고 그대로 둔

다든가, 양말을 아무 곳에나 벗어둔다는 등 누구나 가정에서 겪을 수 있는 일상적인 이야기를 말함으로써 오바마의 인간적인 모습을 전달하며 사람들의 마음을 가까이 끌어당겼다. 그 결과 사람들은 대통령과 영부인에 도전하는 오바마와 미셸이 자신들과 다르지 않고, 자신들의 문제를 알고 있고, 공감할 수 있는 사람이라고 느꼈다.

미셸의 연설은 입술로만 하는 말이 아니라는 느낌이 들었으며 확고한 의지에 차 있었다. 그녀는 뛰어난 유머 감각과 확실한 내용이 담긴 연설로 오바마 캠프에 가장 중요한 유세 연사가 되었다. 자신이 경험한 것과 관찰한 것은 물론 철저하게 좌절한 것도 말했다.

어떤 사람들은 미셸이 원고도 없이 연설하는 것을 보면 정신이 번쩍 들었다고 했다. 그녀의 말이 마음을 사로잡았던 것이다. 미셸은 유세장에 떠오르는 별이 되어 가는 곳마다 오바마가 아닌 자신의 검은 열풍을 휘몰아치게 할 정도였다. 출세한 변호사였던 그녀의 박식함과 예리한 정치적 판단에 젊은 지성인들이 빠져들었고, 소탈한 말솜씨에 중·장년층이 그녀에게서 눈을 뗄 수 없었다.

미셸은 자유로운 영혼의 소유자이므로 말을 할 때도 극히 솔직하고 자유로왔다. 워낙 많은 사람들의 관심을 한몸에 받고 있었던 터라 청중은 물론 매스컴까지 그녀가 무슨 말을 하면 가십거리는 없는지 찾기도 했다. 그러다가 미셸의 실수가 눈에 띄면 가차없이 언론은 열띤 토론을 시작했다.

언어에 거침이 없던 미셸은 오바마의 대선 운동 초기에 자신이 경험했던 흑인 여성으로서의 상처를 연설에서도 숨김없이 드러냈다. 기회가 상실된 세상에 대한 비판과 더불어 변화의 필요성에 대해 말할 때면 일부 청중들은 거부감을 느끼기도 했다. 그런 미셸이 상처가 깊은 흑인 여성으로만 보여질 염려도 있었다.

'조국이 처음으로 자랑스러웠다' 는 발언으로 곤혹을 치른 미셸은 잠시 휴식기를 보냈다. 그리고 다시 대중 앞에 나타나 조국 미국에 대한 자신의 사랑을 나타냈고, 군인 가족을 정기적으로 방문하며 위로했다. 미셸 역시 전략을 바꿔야 한다는 것을 알았기에 자신의 연설 타입을 바꾸었다. 그녀는 더욱 부드럽고, 더욱 여성스러운 외적 이미지와 언어로 계속해서 대중의 마음을 사로잡았다.

미셸의 오빠인 크레이그 로빈슨은 로드아일랜드에 있는 명문 브라운 대학의 농구 코치로 있는 성공한 인물인데, 미셸은 어린 시절 늘 그의 후광에 가려 있었다고 한다. 그가 어린 시절 이야기를 들어 미셸에 대해 정확하게 표현한 말이 있다.

"어렸을 적에 우리는 사무실 놀이를 자주 했죠. 그 놀이에서 나는 사장이었고 미셸은 비서였어요. 그러나 놀이의 규칙을 정하는 것은 미셸이었죠."

그만큼 미셸은 자신이 하고 싶은 것에 대해 정확하게 표현하고, 자신의 의사를 단호하게 관철한다. 때로는 당당하게 자신의 의사를 말해서 거부할 수 없는 분위기를 자아내기도 하고, 때로는 길거리에 나가면 늘상 마주칠 듯한 동네 아줌마와 같은 수다로 사람들의 굳게 닫힌 마음을 활짝 열어놓기도 한다. 때로는 까다로운 질문을 유머러스하게 넘어가기도 하고, 때로는 우회적인 표현으로 상처를 주지 않고도 상대방을 정확하게 비판한다.

이런 그녀의 언어 구사력은 변호사로 일하고 여러 가지 사회 운동을 하면서 닦아진 것이지만 그런 활동을 한다고 해서 무조건 키워지는 것은 아니다. 칼날이 날카로와야 무엇이라도 잘 자를 수 있듯이 언어 또한 많은 훈련으로 갈고 닦아야 빛을 발한다.

합당한 말은 약이 되기도 하지만 훈련되지 않은 부적절한 말은 독이 되기도 한다. 사람이 죽고 사는 것이 말에 달려 있고, 자신이 한 말의 열매를 얻게 된다는 이야기도 있다. 말은 늘 하는 것인 만큼 기왕에 하는 말, 좋은 열매를 맺도록 해야 할 것이다.

# 새로운 정치 스타가 되다

오바마는 2004년 민주당 전당 대회의 기조연설로 일약 정치 스타가 되었고, 미셸은 2008년 민주당 전당 대회의 기조연설로 정치 스타가 되었다. 그때 오바마는 "미국은 레드 스테이츠, 블루 스테이츠로 나눠진 나라가 아닙니다. 흑인 아메리카, 백인 아메리카, 라틴계 아메리카와 아시아계 아메리카도 없습니다. 우리에게는 오로지 아메리카 합중국만이 있을 뿐입니다"라고 하며 통합의 비전을 제시했고, 그 후 4년 뒤에 미셸은 미국의 또 다른 인물로서 통합의 꿈을 선포했다.

미셸은 콜로라도주 덴버 시내에서 열린 전당 대회에 초록색 원피스를 입고 나타났다. 단연 그날의 주인공이었으며 스타였다.

민주당으로서는 대선에서 승리라는 목표를 향해 마음을 하나로 모으는 결단의 날이자 역사적으로 중대한 날이었다. 장장 7시간에 걸쳐 유명 인사들이 릴레이 연설을 했는데 그날의 절정이라고 할 수 있는 마지막 연설을 미셸이 장식했다.

미셸이 등장하자 거기에 있던 모든 대의원들이 1분 동안이나 계속해서 기립 박수를 했다. 그녀를 향한 박수와 환호성은 그 거대한 대회장을 꽉 채우고도 남을 정도였다. 대회장은 미셸의 이름이 적힌 파란색 피켓으로 온통 뒤덮혔다.

마치 흑인 여성 정치 스타의 장이 열리는 듯했다. 2004년 민주당 전당 대회에서 오바마가 기조연설을 하여 흑인 남성 정치 스타로 탄생되었던 것처럼 말이다.

대중 앞에 나서는 영향력 있는 사람이라면 누구나 흑인 여성이 지도자가 될 수 있다고 소리를 높인다. 그러나 최고의 자리에 흑인 여성이 이르기까지는 아직 두꺼운 유리벽이 버티고 있다. 보이지 않으나 엄연히 벽이 존재하고 있는 곳이 미국 사회다.

그러나 이제 미셸이 영부인이 된 후 흑인 여성 정치 시대의 서막이 울렸다. 오바마의 당선으로 많은 흑인 여성이 백악관 의전 비서관 등 요직에 내정되는 등 백악관에 흑인 여성 돌풍이 불고 있다.

미셸의 등장은 바로 미국의 잠재력을 말한다. 숨은 여성, 그리고 흑인의 잠재력이 이제 머지않아 미국에 큰 영향을 미칠 것이다.

2008년 10월 9일 18시에 미셸은 CNN 토크쇼에 초대 손님으로 출연했다. 유명한 토크쇼 진행자인 래리 킹이 대담을 주도했다. 그날은 공화당 후보인 존 매케인과 민주당 후보인 버락 오바마가 대선을 앞두고 두 번째 텔레비전 토론을 한 다음날이었다. 그 토론회에서 존 매케인은 경쟁자인 버락 오바마에게 정중하지 않은 행동을 함으로써 자신에게 주의를 집중시켰다. 바로 전날 그런 일이 있었기 때문에 래리 킹은 먼저 텔레비전 토론회에서 매케인이 오바마를 아주 무시하는 투로 '저기 저 사람!'이라고 한 데 대해 미셸이 모욕감을 느꼈는지 물어보았다.

이에 대해 미셸은 오바마가 무슨 말을 어떻게 하는지에 주의를 기울였고, 토론을 보고 있는 유권자들이 어떤 반응을 보일지에 관심이 있었기 때문에 그런 사소한 것에는 별로 신경을 쓰지 못했고, 그러다보니 모욕감도 느끼지 않았다고 했다. 한마디로 매케인이 한 말은 신경 쓸 가치도 없을 만큼 사소한 것이고 정작 중요한 것은 다른 데 있다는 것을 우회적으로 표현했다.

그러자 래리 킹은 미셸은 모욕적이라고 하지 않지만 사람들은 매케인이 한 발언에 대해 말이 많다고 하면서 미셸이 정말로 어떻게 느꼈는지를 알고 싶다고 했다.

미셸은 주로 비평가들이 그런 말에 신경을 쓰겠지만 보통 사람들은 현재 경제적 문제가 너무 심각해서 후보들 간의 말장난과 같은 것에 신경 쓸 마음의 여유가 없다고 했다. 그들은 후보들이 경제, 보건, 전쟁 종결, 교육 문제를 어떻게 해결할 것인지 듣기 원한다고 했다. 그녀는 정말로 중요한 문제에 대한 관심을 언급함으로써 작은 일에는 별 관심이 없다는 것을 나타냈다.

그러나 래리 킹은 집요하게 미셸에게서 감정적 요소를 끄집어 내려고 노력했다. 그는 미셸에게 매케인과 오바마가 서로 잘 지내지 않는다는 것이 사실이냐고 물었다.

미셸은 오바마가 매케인을 존경하고 있는 것을 여러 번 말한 적이 있다고 하면서 정치적 토론에서는 다 그렇게 보이지 않겠느냐는 어감을 풍겼다. 그리고는 둘 중에 누가 대통령으로서 비전이 있느냐가 중요한 것이라고 하면서 오바마의 비전쪽으로 대화의 방향을 돌리려 했다.

미셸에게 구체적인 답을 얻을 수 없었던 래리 킹은 오바마에게로 방향을 돌려 그가 분노를 터뜨린 적이 있는지 물어보았다.

미셸은 오바마가 분노를 터뜨린 적은 있지만 그 전날과 같은 일 때문에 화를 낼 사람은 아니라고 했다. 오바마가 화를 내는 것을 본 적이 있는데 미국의 보건 문제에 관여할 때와 난소암을 앓던 어머니가 치료비를 신경 쓰느라 건강 관리도 제대로 못하고 계시다가 돌아가셨을 때라고 했다. 그리고 오바마는 경쟁 후보가 자신에 대해 무슨 말을 하는 것에는 연연해 하지 않고 미국의 불의를 볼 때 분노한다고 했다.

래리 킹은 후보 간의 논쟁으로 생긴 감정적 충돌을 찾아내기 위해서 집요함을 보였다. 그는 미셸과 오바마가 함께 텔레비전을 보고 있는데 경쟁 후보가 미셸과 오바마를 우스꽝스럽게 만드는 장면을 본다면 기분이 어떻겠느냐고 물었다.

미셸은 다행히도 요즘은 밤늦은 시간에 집으로 가서 잠에 곯아떨어지기 때문에 그런 것을 볼 겨를이 없다고 둘러쳤다. 그리고 설사 그럴 시간이 있다면 선거 유세에 집중하기 위해서 차라리 모든 것을 떠나 조용히 시간을 보낼 것이라며 경쟁자의 공격에는 별 관심이 없다고 했다.

래리 킹은 미셸에게 선거전이 마음에 드느냐고 물었다. 대답 가운데서 유세에 대한 미셸의 부정적인 생각이나 느낌을 찾아내고 싶었을 것이다.

이에 대해 미셸은 자신이 처음 생각했던 것보다 선거전이 더 마음에 들고, 선거전을 치르면서 자신과 오바마와 두 딸은 다른 사람들에게서 큰 힘을 얻는다고 했다. 피곤할 때도 바깥으로 나가서 둘러싸인 사람들을 보고 예전에 경험하지 못했던 것에 함께 참여하는 아이들을 볼 때면 엄청난 힘을 얻는다고 했다.

두 딸에 대한 얘기가 나오자 래리 킹은 미셸의 딸들도 함께 선거전을 하는지 물어보았다. 그렇지 않다는 미셸의 대답에 10살짜리 말리아는 어떤지 물어보았다.

미셸은 자신이 문을 열고 집에 들어가면 말리아는 맨 먼저 학교에서 어떻게 지냈는지, 토요일에 가족들이 무엇을 할 것인지, 할로윈 축제 의상은 언제 사러 갈 것인지에 대해 물으며 선거와는 상관없이 자신들의 삶을 살고 있다고 했다. 그리고 자신과 오바마는 자녀들이 그들의 삶에 집중하면서 살기를 원한다고 했다.

래리 킹은 오바마의 가정은 경제 위기의 영향을 받지 않았는지 질문했다.

미셸은 솔직히 잘 모르겠다며 선거전으로 내내 바깥에서 지내기 때문에 자신들의 재정 상황을 살필 시간이 없다고 했다.

그러자 래리 킹은 정말로 경제 위기로 재정적 손해를 본 것이 없다고 생각하는지 끈질기게 물었다.

미셸은 손실을 겪지 않은 사람은 아무도 없을 것이며 이웃과 친구와 가족들 모두가 지금의 경제 위기를 걱정하고 있다고 자신의 심정을 솔직히 나타냈다. 멀게만 생각되어 왔던 월가(Wall Street : 세계 금융시장의 중심가)의 재정난이 이미 오래 전부터 우리의 현실에 밀접한 영향을 미쳤다는 말도 했다. 이 말은 모든 사람이 함께 겪을 수밖에 없는 것이 이번 경제 위기라는 뜻이다.

그녀는 병원 응급실에는 온통 의료보험에 가입하지 않은 사람 투성이라고 하면서 그에 비하면 자신의 가족은 축복받은 가정이라고 했다. 그리고 그렇게 많은 사람들이 불확실함 속에 살아야 한다는 것이 바로 오바마를 화나게 하는 것이라고 했다.

래리 킹은 화제를 오바마의 출신에 대한 오해로 바꾸면서 사람들이 오바마를 테러리스트와 관련지어 말하는 것에 대해서는 미셸도 분명 흥분할 것이라고 넌지시 떠보았다.

미셸은 이미 그 문제에 대해서는 이슈로 떠올랐던 적이 있었다고 잘라 말하고 다른 이야기를 했다. 그들이 다니던 교회의 제레미아 라이트 목사가 미국에 대해 부정적인 언급을 한 비디오 테이프가 공개되어 오바마가 곤혹을 치렀던 이슈에 대해서도 더 이상 거론되는 것을 막았다. 그리고 그녀는 자신이 오바마를 자랑스럽게 생각하는 이유 중 하나는 바로 그런 문제가 거론될 때 오바마가 한 말 때문이라고 했다. 중요한 것은 우리가 힘든 시간을 함께 보낸다는 것이고, 이 경제 위기에 우리가 망하면 모두 망하고 우리가 일어나면 모두 일어나는 것을 느끼는 것이라고 했다. 그것이 공화당이건 민주당이건 흑인이건 백인이건 누구건 간에 모두 같은 배를 타고 있다는 것이라고 강조했다. 미셸은 그런 오바마의 생각이 바로 미국인들이 선택하는 대통령에게서 보고 싶어하는 것이라 믿었다.

래리 킹은 공화당 부통령 후보로 나와서 세인의 관심을 끈 세라 페일린에 대해 언급하는 것도 잊지 않았다. 그는 많은 자녀가 있고 좋은 엄마이면서 동시에 많은 일을 하고 있는 페일린이 부통령이 되려고 하는 것에 대해서 어떻게 생각하는지 물었다.

미셸은 페일린이 여자로서 감당해야 할 여러 가지 역할을 잘하고 있는 최고의 본보기라고 하면서 자신도 자녀가 있는 엄마와 직업인으로서 그 둘 사이에 균형을 잡기가 쉽지 않았다고 했다. 그리고 자신과 오바마가 이번 대선에 나선 것은 모든 여성이 세라 페일린이나 자신처럼 원하는 것을 자유롭게 할 수 있는 선택권을 가질 수 있도록 하기 위해서라고 했다. 그녀는 미국 땅을 두루 다니면서 수많은 근로 여성들이 아무 도움 없이 일과 가정 사이에서 혼자 균형을 잡아야 하는 것을 알게 되었는데, 모든 여성은 선택의 자유와 자신이 하고자 결정한 것을 할 수 있는 혜택이 필요하다고 했다. 그리고 그것을 위해 자신과 오바마가 투쟁하고 있다고 했다.

래리 킹은 미셸의 견해가 오바마의 견해이기도 한지 알고 싶다고 했다.

미셸은 당연하다고 하면서 말하기를 오바마는 할머니가 전 가족을 위해 노력하면서 은행 비서에서 책임직으로 승진하는 것을 보아왔고, 어머니가 혼자 자녀를 키우면서 많은 것을 위해 투쟁해야 하는 것을 보아왔다고 했다. 즉 여성들이 삶을 위해 힘겹게 견뎌야 하는 것과 거기에는 부당함이 있다는 것도 안다고 했다.

또한 미셸은 여전히 미국 여성들은 똑같은 일을 하면서도 불공평하게도 남성들이 가져가는 임금의 79%밖에 벌지 못한다는 사실을 언급했다. 이에 덧붙여 그 점은 개선되어야 하며, 미셸 자신이나 페일린이 가정도 돌보고 일도 하면서 남성들에게 뒤지지 않는 경제적 수입을 얻는 것처럼 다른 여성들도 그러해야 한다고 주장했다.

세라 페일린에 대해 언급했던 래리 킹은 이번에는 공화당 후보인 매케인의 부인이자 영부인 자리를 두고 치열한 경쟁을 벌이고 있는 신디 매케인에 관한 주제로 넘어갔다. 그는 신디 매케인이 오바마에 대해서 미국 역사상 가장 치사한 선거전을 하고 있다고 말한 데 대해서 미셸은 어떻게 생각하는지 넌지시 물어보았다.

미셸은 그 말은 진실이 아니라고 하면서 자신은 진실이 아닌 것에 대해서는 마음에 담지 않고 그냥 무시한다고 했다. 그리고 자신은 오바마가 선거전을 이끄는 방법이 자랑스럽다고 했다. 오바마는 자신이 아는 사람 중에서 가장 현명한 남자 중 한 명이라는 확신도 드러냈다. 왜냐하면 미셸은 오바마가 다른 사람을 무시하지 않고 아주 복잡한 주제도 쉽게 이해할 수 있도록 하기 때문이라고 했다.

래리 킹은 '그런 말을 들을 때면 마음이 아픈가요?' 라고 하면서 미셸의 마음속 깊은 이야기를 끄집어 내려고 시도했지만 미셀은 '진실이 아닌 것은 그냥 넘겨버리라'는 어머니의 가르침대로 생활하기 때문에 마음이 아프지 않다고 했다.

래리 킹은 이번 선거는 미국에 흑인 대통령이 나오든, 여자 부통령이 나오든 역사적인 의미가 있다고 하면서 이에 대한 미셸의 반응을 살폈다.

미셸은 동의하면서 10세가 된 딸 말리아가 한 말을 전했다. 그녀는 오바마가 민주당 후보로 선출될 것이 확실해진 다음 날 말리아에게 물어보았다고 한다. "아프리카계 미국인이 대통령 후보로 선출되는 것이 처음 있는 일이라는 것을 알고 있니?" 말리아는 눈도 깜짝하지 않고 대답했다. "힐러리 클린턴이 승리한다고 해도 처음 있는 일일 거예요." 말리아는 여성들이 오랫동안 선거권을 갖지 못한 것 역시 부당하다고 했다. 미셸은 이제 여성과 흑인이 대통령에 도전할 정도까지 미국이 변했다는 것을 강조하면서 젊은이들이 그런 것을 보면서 자란다는 것이 굉장히 흐뭇하다고 했다.

민주당 경선에서 패배한 힐러리 클린턴에 대해서 어떻게 생각하는지 알고 싶었던 래리 킹은 혹 힐러리 클린턴이 오바마를 지지하는 방법에 대해서 만족하는지 미셸에게 물어보았다.

미셸은 힐러리는 훌륭한 사람이라고 말하면서 힐러리가 오바마를 지지하려고 결정한 순간부터 마음을 활짝 열고 자신들에게 친절했다고 했다. 또한 힐러리에게 전화를 했을 때 아이들에 대해 조언도 해준 아주 훌륭한 지지자이고 개성 있는 여성이라고 칭찬했다.

미셸과 오바마에게는 까다로운 문제인 흑인 문제에 대해 알아 보고자 래리 킹은 반흑인 운동이 두려운지 물어보았다.

미셸은 이번 선거전에 반흑인 운동이 있었다면 오바마가 민주당 대통령 후보가 되지 않았을 것이라고 했다.

래리 킹은 가까운 장래에 영부인이 될지도 모른다는 생각이 미셸에게 압도적인 느낌을 주는 건 아닌지 알고 싶다고 했다.

미셸은 그런 기분을 가지기보다 영부인이 되면 어떤 의미 있는 일을 할지 생각할 것이라고 했다. 그리고 정말로 자신이 영부인이 된다면 법이 가정을 위해 애쓰는 많은 여성들에게 안정감을 줄 수 있도록 하고 싶다고 했다. 또 군인들이 복무를 마치면 건강보험, 심리적인 보살핌, 확실한 직업, 교육, 다양한 혜택 등 그들에게 필요한 것을 제공하고 싶다고 힘주어 말했다.

래리 킹은 선거일이 다가올수록 혹 초조하지 않은지 미셸의 심정을 슬쩍 떠보았다.

미셸은 선거전에 열중하여 일하느라 초조해 할 시간이 없기 때문에 아주 좋을 따름이라고 했다. 그리고 11월의 선거일 하루에 모든 것이 달려 있는 것이 아니라 그때부터 시작이라는 말로 자신의 말을 끝맺었다.

참고 : http://www.welt.de/politik/article2553267/Was-Barack-Obama-wirklich-wuetend-macht.html

★ 꿈을 언어로 정립하면 그 모양이 빚어지고, 꿈을 언어로 선포하면 모습을 드러낸다.

★ 꿈이 가슴속에서 끓어오르게 하라. 그러면 모든 사람이 당신의 내면에 있는 꿈을 보게 될 것이다. 사람들 눈에 보이는 꿈은 이미 이루어진 것이나 마찬가지다.

★ 위대한 꿈을 가지고 있다면 그것을 선포하라. 말로 자신의 꿈을 선포하지 않은 영웅이 없고, 선포하지 않은 꿈은 망상일 따름이다.

★ 말은 생명력이 있어 꼭 그 열매를 맺는다는 것을 기억하라. 좋은 열매를 맺기 원한다면 좋은 씨를 뿌려야 하는 법이다.

6

# 미셸의 희망,
# 두 딸을 위한 자녀 교육

# 미셸에게 가장 중요한 것은
# 바로 엄마라는 것

미셸은 미국 대통령 부인, 즉 영부인으로서 더 이상 오를 곳이 없을 정도의 최고 지위에 올랐고, 그와 동시에 명예도 얻었다. 그녀가 누리고 넘칠 만큼 물질도 따를 것이다. 그런 미셸에게서 가장 중요한 것은 무엇일까? 그녀는 자신에게 가장 중요한 것은 엄마라는 사실이라고 했다. 그래서 영부인이 되어도 엄마의 역할을 할 것이라고 힘주어 말했다.

가장 중요한 것을 뒤로한 채 언젠가 두 손가락 사이로 빠져버릴 것을 위해 사는 사람이 얼마나 많은가? 나는 미셸이 한 인간으로서, 한 여자로서 자신에게 가장 중요한 것을 아는 사람이기에 영부인이 될 자격이 있다고 단호하게 생각한다.

미셸은 엄마로서 역할을 하기 위해 자신이 얼마나 중요한 존재인지 알며 그런 자신을 관리하며 계발할 줄 아는 사람이다. 또한 사랑하는 남편과 동행해줄 줄도 아는 여자이다.

대통령 선거 활동 중 비교적 큰 행사나 유세에는 대통령 후보 가족들이 함께 등장하곤 한다. 오바마의 딸들은 지금까지 우리가 보아왔던 대통령 후보의 자녀들과는 달리 어린아이들(1999년생과 2001년생)인데다 피부색이 검은 흑인이기 때문에 더욱 사람들의 눈길을 끌었다. 흑인 아이들이 백악관 식구가 된다는 것에 대해 사람들의 적응이 필요할 정도로 그들의 등장은 낯설었다.

갑자기 정치적 대스타로 출현한 오바마를 검은 돌풍으로, 그 아내 미셸을 돌풍 속에서 돌연 모습을 드러낸 찬란한 흑진주로 표현한다면, 두 딸은 아직 조개 속에서 자라나고 있지만 그 가능성을 가늠할 수 없는 작은 두 개의 예쁜 흑진주라고 할 수 있을 것이다.

사람들은 두 딸과 부부로 구성된 그 가족이 서로 사랑하고 있음을 금방 알 수 있었다. 그 모습은 그런 가정을 이루고 싶다는 꿈을 심어주고 또 이룰 수 있다는 믿음을 갖게 하기에 충분했다.

미셸은 대선을 위해 정말 눈코 뜰 새 없이 바쁜 일정에 따라 유세와 인터뷰 등 수많은 일들을 해야 했다. 그러나 대선전이 시작될 때부터 해서 그 열기가 가장 뜨거웠던 마지막 순간까지 꼭 자녀가 있는 집에서 잠을 자려고 노력했고, 그것이 정말로 여의치 않을 때는 하루 이상은 딸들과 떨어져 있지 않을 정도로 가정을 중요하게 생각해왔다. 대선 투표일 바로 직전에도 미셸은 자신이 깨어날 때 가장 먼저 생각하는 사람과 잠이 드는 마지막 순간에 생각하는 사람은 바로 두 딸이라고 말함으로써 두 아이 엄마로서의 자신에 대해 강조했다.

오바마가 대통령 수락 연설을 한 그 다음날 그 가족들은 즐겨 가곤 했던 식당에 가서 여느 가족처럼 둘러앉아 식사했다. 그들이 함께 있는 모습은 미국의 평범한 가정을 보는 듯 친근감이 느껴졌다. 물론 그 전과는 분위기가 달랐다. 수많은 사람들의 시선이 그들을 바라보았고, 특히 기삿거리를 찾으며 그들의 행동 하나하나를 살피고 있던 각종 매스컴 기자들과 카메라맨들의 눈길이 있었다.

미셸의 두 딸을 보면 자신감이 넘쳐 보이고, 생동감이 느껴진다. 미셸을 가까이에서 지켜본 친구들은 그녀가 아이들에게는 엄격한 교사와도 같다고 한다. 미셸은 오바마에게 한 가지 약속을 얻어냈는데 그것은 오바마가 대통령이 되더라도 일주일에 하루는 자녀들과 시간을 보내야 하는 것이다. 때로는 자녀에게 엄격한 교사와도 같고 자신의 계획과 의지를 이루기 위해서는 강인한 결단력을 보이는 미셸을 보면 영부인으로서의 행보가 궁금해지기도 한다.

미셸이 영부인이 되자 사람들은 그녀가 어떤 역할을 감당할 것인지에 관심을 모았다. 혹 그녀가 힐러리와 같이 정치인으로서 길을 갈 것인지, 로라 부시와 같이 대통령의 내조자로서만 역할을 충실히 할 것인지를 두고 의견이 나뉘어졌다.

그러나 미셸은 자신의 주된 관심사는 두 자녀이고, 영부인이 되더라도 자신의 임무는 대장 엄마(mom in chief)가 되는 것이라고 단호히 말했다.

흔들리지 않는 안정된 가정이 있을 때 나라가 굳건하게 설 것이다. 그래서 미셸도 자신이 한 가정에서 엄마의 역할을 잘 수행하는 것이 얼마나 중요한지 잘 알고 있다.

법적·제도적 지지가 필요한 군인 가정과 여성들의 경제적 문제를 돕고 싶어 하는 것도 바로 엄마가 자녀를 위하는 마음이기도 하다. 그렇기 때문에 미셸은 자신이 두 아이의 엄마로서뿐만 아니라 한 국가의 어머니로서 역할도 잘할 것이라는 희망을 불어넣어 주었는지도 모른다.

미셸은 어떤 상황에 있더라도 가정을 중요하게 생각하므로 보다 큰 가정이라고 할 수 있는 국가를 이끌어 갈 때 모든 국민이 좋은 교육의 기회를 받고, 보험 혜택을 받으며, 자신이 한 일에 대해 정당한 보수를 받으면서 인간된 삶을 살아가는 안정된 나라를 만들 수 있도록 노력할 것이다. 엄마의 역할과 더불어 아내로서 때로는 신랄한 비판가로서 새로운 유행을 만들어내면서 사람들의 마음을 이끄는 새로운 얼굴이 될 것임이 분명하다.

# 미셸만의
# 특별한 자녀 양육법

모든 엄마들이 자녀가 훌륭하게 성장하기를 원하며 옳다고 믿는 방법으로 자녀를 양육하듯이 미셸 역시 자신만의 특별한 소신과 방법으로 자녀를 양육했다. 지금까지 두 딸의 모습을 보면 그녀의 자녀 양육은 성공하고 있다는 생각이 든다. 그렇다면 미셸의 자녀 양육법을 자녀 교육에 적용해보는 것도 좋을 듯하다.

미셸은, 어린 시절부터 아픈 아버지를 대신하여 가정 경제와 자녀 교육을 도맡아 해야 했던 어머니의 특별한 배려 덕분에 자신이 존재하며 지금 위치에까지 이른 것을 잘 알고 있다. 그러하기에 그녀는 자신의 자녀 역시 독립된 인간으로 홀로 서서 자기 길을 가기 전까지는 자신의 돌봄이 절대적으로 필요하다는 것을 잊지 않고 있다. 그리고 자녀를 잘 키우기 위해 나름대로의 방식을 실천하고 있다.

우선 미셸은 자녀들에게 안정적인 가정을 만들어줌으로써 정서적 안정감을 주려고 노력한다. 그래서 대선 운동으로 시간을 내기 힘든 가운데서도 자녀들과 시간을 보내려고 노력했다. 할 수만 있다면 딸들과 함께 유세 현장에 나타난 것도 그러하고, 오바마가 딸들과 함께 할 수 없을 때는 기회가 닿는대로 화상 전화 등을 통해 부모의 숨결을 느낄 수 있도록 배려한 것도 그러하다.

대선 운동 기간 중에 맞이했던 큰 딸 말리아의 생일에 오바마와 미셸은 선거 운동원과 함께 묵고 있던 작은 호텔의 회의실에서 조촐한 음식을 마련하고 파티를 열어주었다. 그리고 말리아가 좋아하는 음악을 틀어 놓고 춤을 추면서 말리아를 위한 시간을 보냈다. 말리아는 자신이 보낸 생일 파티 중에서 그때가 최고였다고 했다.

딸의 친구들을 초대하여 멋진 파티를 열어주지 못한 것이 오바마는 마음에 걸렸지만 그러한 아버지의 마음을 안 말리아는 도리어 최고의 파티라고 말해줌으로써 아버지를 위로했다.

딸의 생일 파티는 다음으로 미룰 수 있는 상황이었다. 대선이 너무나 중요한 사안이었기 때문이다. 그러나 오바마와 미셸은 자신들이 두 딸을 위해 존재하며 그들을 늘 마음에 두고 있다는 것을 행동으로 보여주며 변함없는 사랑을 나타냄으로써 자녀들이 자칫 혼란에 빠질 수 있는 상황 가운데서도 안정을 찾도록 배려했다.

미셸은 딸들이 그저 응석받이로만 자라는 것을 원하지 않았다. 응석받이로 키웠다가는 성인이 되어도 독립된 인간으로 이 사회에서 해야 할 일을 다하지 못할 것이기 때문이다. 미셸은 자녀들이 아주 어려서부터 엄격한 양육을 해온 것으로 주변에 알려져 있고, 자신도 그렇게 밝히고 있다.

미셸은 딸들에게 절대로 불평을 하지 못하게 한다. 두 딸이 말다툼을 해서도 안 되고, 다른 사람을 괴롭게 하지 못하도록 교육한다. 문제가 있다면 모든 것을 대화로 풀어나가게 하고 다른 사람을 존중하고 배려할 수 있는 마음을 키우도록 한다.

미셸 역시 자녀에게 화를 내거나 야단을 치거나 하지 않는다. 인내와 대화로 그들과 문제를 해결하며 본을 보여준다. 어린 자녀지만 한 인간으로서 자신의 의견을 가질 수 있음을 인정하고 절대적으로 존중해준다.

또한 미셸은 아침에 딸들을 절대로 깨우지 않는다. 그 대신 딸들은 각자 알람 시계를 가지고 자신이 깨어야 할 시간을 맞추어 놓는다. 물론 아직 어린아이여서 알람 시계가 울린다고 해도 잠에서 깨지 못할 때도 있고, 계속 잠을 자고 싶어 이불 속으로 파고 들 때도 있다. 하지만 미셸은 철저하게 자신의 교육 방침을 지킨다.

미셸은 딸들이 스스로 일어나 자신의 침구를 정리하면 상을 준다. 그 상은 일주일에 1달러의 용돈을 주는 것이다. 자신이 세운 계획을 지킬 수 있도록 도와주는 전략이다.

미셸은 자녀들에게 그냥 돈을 주지 않는다. 돈은 그저 생기지 않고 노력한 결과에 대한 보상이라는 것과 그것을 얻었을 때의 기쁨을 알게 하고 돈이 귀한 것임을 어릴 때부터 심어주기 위해서다. 그녀는 백악관에서도 그런 양육 방침은 계속 지킬 생각이라고 말했다.

미셸은 자녀들이 언론에 노출이 되는 것을 될 수 있으면 막으려고 한다. 지금까지 그랬던 것처럼 자녀들이 사생활을 보호받으며 최대한 평범하게 살면서 가정적 안정감 속에서 잘 자라나기를 원하기 때문이다.

대통령의 딸인 아이들을 사립학교에 보내는 것이 당연한 듯하지만 미셸은 공립학교와 사립학교 중 어디에 보낼지 많은 생각을 하며 주변에 조언도 구했다. 대통령의 딸이어도 될 수 있으면 눈에 뜨이지 않게 지금처럼 평범하게 지낼 수 있도록 하고 싶어 고민한 것이다. 그러나 결국 대통령 자녀의 경호 문제로 사립학교에 보내기로 결정했다.

특히 건강에 지대한 관심이 있는 미셸은 매일 새벽 운동을 빠뜨리지 않는다. 그리고 딸들에게도 운동이 얼마나 중요한지를 가르치며, 될 수 있으면 유기농 식품을 먹이고 있다.

미셸은 오바마가 대통령에 당선된 후 처음 백악관을 방문했을 때 자녀들에게 특별한 대우를 하지 말아달라고 이미 몇 명의 직원들에게 당부했다. 지금까지 집안일을 도왔던 것처럼 백악관에서도 자녀들이 집안일을 돕게 할 것이라고 했다.

미셸의 특별하고도 현명한 양육 방식은 장차 말리아와 사샤를 어떤 인물로 만들지 기대하게 한다. 그녀는 자신이 가지고 있는 많은 장점들을 삶 가운데서 자녀들에게 행동으로 보여주며 물려줄 것이다.

# 백악관의 작은 흑진주
# 말리아와 사샤

오바마 후보가 대통령이 되도록 적극적으로 도와준 캐롤라인은 4살 때 대통령이 된 아버지 존 에프 케네디와 함께 백악관에 들어가서 생활했다. 그런 그녀가 이제 미국의 정치적 요직을 맡아 영향력을 행사하는 데까지 이르렀다. 캐롤라인이 그러했듯이 백악관으로 들어간 말리아와 사샤도 수십 년이 지나면 어떤 인물이 될지 아무도 모른다. 그러나 캐롤라인을 보면 한번 기대해봐도 좋을 것 같다.

말리아와 사샤에 앞서서 몇 명의 어린아이가 백악관에 입성한 적이 있다. 가장 최근으로는 1977년 지미 카터 대통령이 10살이 된 늦둥이 막내 에이미를 데리고 백악관으로 들어갔었다. 그 이전에 백악관에 들어간 어린아이 중에 많은 사람들의 관심을 끌었던 사람은 바로 캐롤라인이다. 천진난만한 아이였던 캐롤라인이 조랑말과 함께 노는 모습이나 아버지인 대통령 집무실에서

숨바꼭질하던 광경을 아직도 많은 미국인들이 기억하고 있다. 이제 그 캐롤라인이 자라 변호사로서 정치적 행보를 눈앞에 두고 있고, 말리아와 사샤가 백악관으로 들어갔다.

오바마와 미셸이 대선전 가운데서 사람들의 관심을 한몸에 받으면서 말리아와 사샤 역시 그러했다. 이제 백악관에 들어간 그 아이들에 대한 사랑은 더 커져서 연예기관에서조차 섭외하고자 경쟁에 열을 올리고 있다. 예를 들면, 한 인기 있는 드라마 시리즈 프로그램에서 말리아와 사샤에게 출연 요청을 했다. 부모가 허락만 해준다면 출연뿐 아니라 현장을 견학하는 것도 환영한다고 담당자측이 밝혔다. 그러나 아이들이 대중에 노출되는 것을 꺼리고 있는 미셸과 오바마의 허락 여부는 미지수라고 한다.

오바마는 대통령 수락 연설을 시작하면서 자신의 아이들에게 백악관에 함께 들어갈 강아지를 선물하겠다고 하여 사람들의 환호성을 자아내었다. 그 말이 떨어지자 미국에서는 어떤 개가 좋을지 모의 투표까지 인터넷을 통해 열리고, 미국의 애견 클럽에서는 개의 품종까지 추천하는 글들이 쏟아졌다. 그 정도로 그들은 많은 사람들의 관심을 받게 되었다.

말리아와 사샤는 오바마의 취임와 더불어 1월에 백악관으로 이사를 했고 시드웰 프렌즈 스쿨로 전학했다. 이 학교는 유명 인사 또는 부잣집 아이들이 다닐 수 있는 명문 사립학교로 여러 명의 대통령 자녀들이 거쳐 갔다. 사립학교인 만큼 학비가 많이 들기 때문에 미셸과 오바마가 딸들을 혹 일반 아이들처럼 공립학교에 보내지 않을까 은근히 기대했던 사람들은 약간 실망하기도 했다. 그러나 그런 선택을 한 것은 아무래도 사립학교가 경호를 하기에도 더 편하고, 자녀들의 사생활이 일반 학교에 비해 그나마 더 많이 보호될 수 있기 때문이다.

오바마가 대통령에 당선된 후 가족과 함께 백악관을 다녀온 말리아는 자신이 백악관 링컨 침실에 있는 책상에서 공부한다면 큰 영감을 얻을 수 있을 것이라고 말했다. 오바마는 딸의 희망을 들어주었다. 그는 링컨이 '국민의, 국민에 의한, 국민을 위한 정부'라고 불려지는 그 유명한 게티스버그 연설에 서명을 한 바로 그 책상에서 말리아가 공부하도록 해줄 것이라고 했다.

말리아와 사샤는 아직 자라나고 있는 아이들이다. 그러나 그들의 표정이나 말이나 행동은 나이보다 성숙하다. 물론 미셸과 오바마는 될 수 있으면 자녀들이 평범한 가운데 생활하기를 바라지만 그 딸들은 결코 평범한 가정에서 자라지는 않았다. 아버지 오바마는 흑인과 백인의 혼혈이고, 어머니 미셸은 순수 흑인이다. 아버지는 흑백의 가운데서 성장하는 동안 갈등하며 정체성을 찾아야 했고, 어머니는 흑인으로서, 그것도 여성으로서 자신이 원하는 성공을 일구어내기까지 힘든 길을 지나왔다.

미셸과 오바마는 될 수 있으면 자녀들에게는 자신들처럼 정체성에 대한 갈등을 하지 않고 그들이 원하는 것을 열심히 하면 얻을 수 있는 환경을 만들어주고자 노력했다. 그럴지라도 말리아와 사샤는 백인 친구들과는 자신들이 다르다는 것을 느끼며 성장했을 것이고, 나름대로 정체성의 갈등을 겪은 후 그들만의 삶을 구축해 나갈 것이다.

세월이 흐르면 말리아와 사샤를 요구하는 시대가 꼭 오리라고 나는 확신한다. 그들을 지켜보는 우리 역시 환경에 굴복하지 않고 노력한다면 분명히 우리를 필요로 하는 시대가 올 것이다.

일하면서 자녀를 양육하는 하키 맘
# 세라 페일린

오바마가 민주당 대통령 후보로 결정되고 공화당의 매케인과 열띤 경쟁을 하면서 새로운 인물로 떠올라 눈길을 끌었던 사람은 바로 공화당 부통령 후보였던 세라 페일린이다. 공화당 부통령 후보로 지명된 후 그녀는 다섯 명의 자녀를 대동하고 등장하면서 한 차례 돌풍을 일으켰다. 그중 한 명은 다운증후군을 앓는 젖먹이도 포함되어 있었다.

페일린은 자신의 일에 열정을 쏟아 붓는 커리어 우먼으로서 그렇게 많은 자녀들을 잘 양육하고 있는 어머니로서 이미지를 표현했다. 정장을 반듯하게 입고 하이힐을 신은 커리어 우먼의 모습으로 나타났지만, 일과 자녀 양육을 둘 다 너무나 열정적으로 하다보니 시간이 없었는지 긴 머리를 뒤로 틀어 올리고 나왔다. 자녀들을 돌보면서도 일하는 하키 맘(hockey mom : 세라 페일린이 자신을 하키 맘이라 칭한 후 유행하고 있는 신조어. 아이스 하키를 하는 자녀를 둔 엄마를 뜻하는 말로 직업을 가지고 있으면서도 자녀가 아이스 하키를 연습하는 데까지 차로 데려다주며 경기를 따라 다니는 등 자녀의 운동과 공부에 매우 열성적인 엄마를 가리킨다)의 모습을 나타낸 것이다.

안경을 쓴 얼굴에는 지적인 분위기가 느껴졌다. 그것은 미셸과도 다르고 신디와도 전혀 다른 그녀만의 독특한 느낌이었다. 페일린은 그 모습으로 자신이 추구하고자 하는 부통령 후보로서 이미지도 나타냈다.

페일린의 안경에 대해 사람들이 보인 관심은 폭발적이었다. 무슨 상표인지, 어디서 구입할 수 있느냐는 문의가 이어졌다. 페일린의 안경은 일본인이 디자인한 것으로 약 40만 원 하는 것으로 밝혀지기도 했다. 갑작스럽게 페일린에 대한 관심은 높아져 갔다.

페일린이 혜성같이 나타나자 오바마의 지지율이 갑자기 떨어졌다. 미셸은 페일린을 견제하기 위해 무엇인가를 행동으로 옮겨야 했다. 미셸은 대선을 감정적으로 치루어서는 안 된다는 것을 사람들에게 강조하면서 어떤 남자를 좋아하기 때문에 또는 어떤 여자를 멋지다고 생각하는 이유만으로 감정에 이끌려 투표해서는 안 된다고 했다.

마침 페일린이 세간의 관심을 받고 있었고, 오바마의 지지율이 한 순간 떨어지고 있었으므로 사람들은 미셸이 페일린을 빗대어 그런 말을 했다고 오해할 소지가 있었다. 다른 사람을 우회적으로 비방하는 방법으로 자신에게 마음을 돌리기를 원치 않았던 미셸은 그 말은 바로 자신에 대한 것이었다고 함으로써 오해를 사라지게 하려 했다. 그러나 미셸의 말은 그렇게 해석될 수밖에 없었고, 우회적으로 페일린을 찍어서는 안 된다는 뜻을 전한 것으로 받아들여졌다.

페일린은 알래스카의 주지사로서 비교적 미국 중앙 정치 무대에서 멀리 떨어져 있었다. 그러나 부통령 후보로 지명되면서 세인의 관심이 집중되자 그 즉시 정치적 별로 떠올랐다. 언론은 페일린이 어떤 사람인지에 대해 파헤치며 그녀에 대한 검증을 시작했다. 그러자 페일린에 대한 인기가 절정에 이르기도 전에 그녀의 17세 된 딸이 임신 5개월임이 알려졌고, 그것을 대중에게 직접 밝혀야만 하는 사태에 이르렀다.

공화당측은 미성년인 페일린의 딸에 대해 매스컴에서 떠드는 것은 성차별적인 보도라고 하면서 그 일로 매케인이 불리하게 되는 것을 봉쇄하려고 노력했다. 그것은 극히 사적인 일이고, 페일린이 부통령이 되어 일을 잘할 것인지와는 아무런 상관이 없다고 주장했다.

그러나 워낙에 공화당에서는 기독교 윤리를 내세워서 낙태나 혼전 성경험 등을 반대해왔기 때문에 이 사건은 공화당의 가치관과도 차이가 있었다. 뿐만 아니라 페일린이 정치적 행보를 시작하면서 주장한 가족관과 실생활이 다르다고 비춰짐으로써 문제는 더욱 심각해졌다.

페일린이 입고 나온 의상 또한 문제가 되었다. 그녀의 의상비가 한 달에 15만 달러에 달했기 때문이다. 그것을 비난하는 의견들이 쏟아졌고, 한 협회에서는 DressLikePalin.com이라는 웹사이트를 만들기도 했다. 거기에는 페일린의 모습과 함께 그녀가 샀다고 알려진 비싼 옷과 액세서리 등의 사진이 올려졌다. 하키맘이 한 달 옷값이 15만 달러인 것은 말이 안 된다는 비난과 함께 15만 달러는 보통 미국인들이 80년 동안 의상비로 쓸 수 있는 돈이라는 글이 쏟아졌다.

부통령 후보 자리에까지 오른 페일린은 이러한 일로 정치적 회오리 바람에 휘말려야 했다. 그러나 그녀는 자신만의 독특한 그림을 보여주며 빛을 발했다. 비록 부통령이 되지 못했지만 일각에서는 다음 대선에 그녀가 도전하지 않을까 점치고 있다.

페일린은 1964년도에 미국 아이다호주에서 태어나 그곳에서 성장했으며 아이다호 대학에서 정치학을 공부했다. 32세에 와실라 시장이 되었으며, 알래스카 주지사를 거쳐 미국 제44대 공화당 부통령 후보가 되었다.

페일린은 20세 때 인구가 7천 명 정도 되는 작은 도시 와실라에서 주최하는 미인 대회에 출전하여 미스 와실라에 선발되기도 했다. 페일린이 미인 대회에 나가리라고 전혀 생각하지 않았고 그럴 성격도 아니었기에 그녀의 아버지는 그 사실에 깜짝 놀라기도 했다.

페일린은 미인 대회보다 농구나 사냥이 더 어울리는 사람이었다. 그녀는 자신이 미인 대회에 나간 것에 대해 후회했다. 심사위원들 앞에서 자신의 미를 측정당해야 했던 사실을 좋아하지 않았다. 그녀는 심사위원들이 미인 대회에 나온 후보들에게 뒤돌아 서라고 한 후 엉덩이를 살펴보았던 일을 아직도 기억할 정도로 그때 일이 황당했다고 했다.

결국 페일린은 정치인이 되었다. 그녀는 상황에 순응하지 않고 자신이 옳다고 생각하는 것은 기성 정치인들과 맞서서 적극적으로 끝까지 반영하는 모습을 보여주고 있다. 그런 그녀는 잘 웃으면서도 낯이 두꺼운 사람이라는 평을 듣는다. 자신에 대해 그 어떤 부정적 언사를 던져도 미소를 지으며 의사를 확실하게 표현하고 감정에 휘말리지 않는 편이다. 그리고 용감하고 꾸밈없는 화끈한 주지사라는 평을 듣고 있다. 그것이 바로 매케인에게 발탁되어 부통령 후보에까지 이르게 된 원인이 되었음이 분명하다.

이번 대선전을 통해 갑자기 스타가 된 페일린은 알래스카 주지사로서, 또 다섯 자녀를 양육하고 있는 엄마로서 지금도 열심히 일하고 있다. 그녀는 앞으로도 자신의 영향력을 행사하면서 별처럼 더욱 빛을 밝혀 나갈 것이다.

★ 내일 당신의 삶이 끝이 난다면 오늘 당신은 무엇을 할 것인가? 바로 그것이 지금 당신이 해야 할 가장 중요한 일이다.

★ 자녀를 바르게 양육하는 것은 세상을 바르게 세우는 일이다. 그 일을 충실히 하면 당신은 하늘의 축복을 받을 것이다.

★ 자녀는 당신의 소유물이 아니라 독립된 한 귀중한 인간임을 거듭 기억하라. 자녀로 하여금 홀로서기에 성공하게 하는 부모가 진정으로 자녀 양육에 성공한다.

★ 부모는 자녀를 소유한 것이 아니라 자녀 양육이라는 책임을 맡은 자이다. 그 책임을 충실히 한 후 자녀를 세상에 내어보내야 하는 것이 부모가 할 일이다.

7

# 자신 앞에 있는 환경을
# 뛰어넘고 성공에 도전하라

Michelle LaVaughn

Obama

# 유리 어항을 깨뜨리고
# 더 넓은 세계로 나아가라

일본에 살고 있는 특이한 성질의 '코이'라고 하는 비단잉어가 있다. 코이는 크기가 작은 수족관에서는 5cm 정도까지밖에 자라지 않지만 공간이 넓은 수족관이나 연못 같은 곳에서는 15~25cm까지 자란다. 큰 강에서 자랄 때는 90~120cm까지도 자랄 수 있다. 코이는 이렇게 자신이 있는 곳의 규모에 따라 크기가 달라진다.

인간의 생각은 자신을 담는 그릇과 같다. 그래서 사람은 생각의 범위 이상 자랄 수 없다. 사람이 코이라면 생각은 수족관 또는 연못이나 강에 해당한다. 그릇이 커야 큰 사람이 된다는 말이 있듯이 생각의 범위가 클수록 그 속에 담기는 사람도 커진다.

생각의 폭을 넓히는 것은 자신이 사는 세상의 폭을 넓히는 것이다. 넓은 세상에서는 더 넓은 가능성을 가지게 된다. 몸은 유한하고 생각은 무한하므로 생각을 따라가면 무한한 가능성의 세

상으로 나아갈 수 있다.

제2차 세계 대전이 종결된 후 코카콜라 회사의 사장이었던 로버트 우드러프는 새로운 꿈을 가지게 되었다. 그것은 자신의 세대에 전 세계 모든 사람에게 코카콜라를 마시게 하는 것이었다. 그 후 코카콜라는 아프리카 사막과 중국의 내륙 지방에 이르기까지 세계 200여 개국에 흘러들어갔다. 이 글을 읽는 사람 중에도 코카콜라를 마셔보지 않은 사람은 한 명도 없을 것이다. 그것만으로도 그의 꿈이 이루어졌다는 것이 증명되지 않는가? 로버트 우드러프는 생각의 범위를 세계로 넓힌 결과 정말로 세계를 정복했다.

처음 컴퓨터가 개발될 당시 컴퓨터는 넓은 공간을 다 차지할 만큼 컸고, 엄청나게 비쌌기 때문에 그것을 살 만한 여력이 있는 기업이 아니고는 컴퓨터를 구경도 하지 못했다. 더구나 한 개인이 컴퓨터를 가진다는 것은 상상도 할 수 없었다. 그러나 개인용 컴퓨터를 개발하는 것이 가능하다는 것을 깨달은 빌 게이츠는 모든 책상 위에 컴퓨터가 놓이는 꿈을 꾸었다. 그 당시로서는 불가능한 생각이었다. 그러나 자신을 뛰어넘는 그 생각은 세월이 흘러 현실이 되었고 거의 모든 책상 위에는 컴퓨터가 놓이게 되었다.

오바마도 마찬가지지만 미셸도 물리적인 한계에 머무르지 않았다. 가난한 흑인 여자 아이로 태어나면 당연히 걸어야 한다고 생각되는 평범한 삶이 있었지만, 그녀는 고정관념을 깨뜨렸다. 그리고 여성이기 때문에 할 수 없다는 생각도 깨뜨렸다.

특히 미셸은 자신에게 아프리카 노예의 피가 흐르고 있어서 그렇게 살아갈 수밖에 없다는 생각이 무의식 속에 가득한 사람들 주변에서 살았다. 사회적 분위기는 흑백 문제가 개선되고 있었지만 오랜 역사 속에 뿌리를 깊이 내린 터라 쉽사리 해결되지 않았다.

백인이 주류를 이룬 사회에서 흑인 여성으로 살아가는 미셸에게는 역할 모델이 되어줄 사람이 없었다. 그러하기에 그녀 혼자 인종 차별이라는 두꺼운 벽을 깨뜨리는 것은 더욱 힘이 들었다.

앞으로 나아가고자 하는 열정은 미셸로 하여금 자신이 있는 곳에서 최선을 다하게 했다. 그 결과 월반을 하는 등 학교에서 흑인 여자 아이에게 흔히 볼 수 없었던 좋은 성적을 얻었다. 그녀가 명문인 프린스턴 대학에 간 것도 주변 사람들의 생각의 한계를 넘는 것이었다. 하버드 대학의 법과대학원을 갈 때도 마찬가지였다. 그녀는 자신의 의지를 꺾지 않고 입학했고, 우수한 성적으로 졸업했으며, 당당하게 박사 학위까지 받았다.

만약 미셸이 시카고의 가난한 흑인 동네라는 한계 속에 자신을 가두어 두었다면 명문 대학인 프린스턴 대학과 하버드 대학에 갈 엄두조차 내지 못했을 것이다.

미셸이 어느 대학을 졸업했느냐가 중요한 것이 아니라, 미셸이 그곳을 통해 더 넓은 세상을 바라보고 자신의 영역을 확장했다는 사실이 중요하다. 미셸은 그 과정을 거쳐 오면서 자신이 하지 못할 것이 없다는 자신감을 얻었다. 그리고 결국에는 백악관에 입성하기에까지 이르렀다.

매 순간 우리에게는 새로운 가능성이 기다리고 있으므로 우리 앞을 가로막는 유리 어항을 깨뜨려야 한다. 그래야 더 넓은 세계로 나아갈 수 있다.

미셸이 어느 인터뷰에서 백악관에 간다고 해도 나는 나일뿐이라고 한 말로 미루어보건대, 그녀는 영부인이 된 앞으로도 예전처럼 자신만의 주관을 가지고 살아갈 것으로 보인다. 그녀가 어떠한 영부인이 될지는 4년이 흘러보아야 알 수 있을 것이다. 그러나 확실한 것은 지금까지 미셸을 살펴본 바 결코 그 자리에 머무르지 않고 무엇인가를 또 이룰 것이다.

미국의 영부인이라면 꼭 해야 하는 일이 있다. 그것은 백악관에 크리스마스 장식을 하고 백악관으로 아이들을 초청하여 잔디 위에서 부활절 계란 굴리기 행사를 여는 것이다. 이 외에는 그 역할과 활동 범위에 관해 헌법과 법률에 정한 규정이 없으므로 영부인이 자유로이 할 수 있다. 다만 모든 영부인이 공통적으로 했던 말은 그 자리가 그렇게 힘든 곳인 줄은 몰랐다는 것이다.

영부인은 언론에 완전히 노출되어 있어서 사생활이 전혀 보장되지 않는다. 그러므로 자신이 어떤 활동을 할지 정하되 남편과 절대적으로 조율해야 한다.

　과거 영부인들의 활동을 살펴보면 힐러리는 클린턴 전 대통령과 공동 대통령이라는 말을 들을 정도로 활발하게 정치 활동을 했다. 카터 대통령의 부인 로절리 카터는 국무회의에 참석하여 자신이 특별히 관심을 가지는 문제에 대해 발언하는가 하면 국가를 대표해서 해외로 순방 여행을 가기도 했다. 포드 대통령의 부인 베티 포드는 자신이 유방암에 걸린 것을 계기로 하여 유방암에 대한 사회적 관심을 불러일으키고 여성의 권익을 신장하는 데 크게 기여했다. 부시 대통령의 부인 로라 부시는 백악관에 들어갔을 때 문맹 퇴치와 교육에 관심을 가졌으나 자신의 소리를 그다지 높이지는 않았다. 그러나 아프가니스탄의 반여성인권과 미얀마 군사 정권을 비판할 때는 정치적 목소리를 높이기도 했다.

　미셸은 과연 어떤 영부인이 될까? 그녀의 성향으로 보아 뒤로 물러나서 조용히 내조만 하고 있지는 않을 것 같다. 많은 사람들은 힐러리처럼 정치적 인물이 되지 않을까 예상하고 있다.

　미셸이 관심을 가질만한 분야는 많다. 흑인으로서 차별을 직접 경험했고, 흑백 문제를 학문적으로도 연구한 바 있는 그녀가 소수 민족의 차별 문제에 관여하는 것은 어쩌면 자연스러운 일일 것이다. 박사 학위를 받은 학자로서 교육 정책에도 관심이 있을 것이고 오바마의 대선 공약에 포함했던 의료보험 개혁에도 개입할 것으로 추측된다.

# 미국 대통령 오바마에게 가능성의 문을 열어준 것은 여인들이었다

이 세상을 혼자 살아갈 수 있는 사람은 없다. 주변 사람이 없는 나도 존재할 수 없다. 이 글을 읽는 당신이 있기 때문에 이 글을 쓰는 내가 있다.

미국이라는 나라가 없었더라면, 수많은 지지자들과 선거 캠프가 없었다면 대통령이 된 지금의 오바마는 존재하지 않는다. 그에게 역할 모델이 되어준 링컨 대통령과 킹 목사가 없었다면, 피부색이 검다는 이유로 차별을 당한 경험이 없었다면 지금의 오바마는 만들어지지 않았을 것이다.

특히 오바마 주변에는 그에게 많은 영향을 준 여인들이 있었다. 오바마가 지금의 대통령으로 준비되도록 삶의 분기점마다 지대한 영향을 준 그 여인들은 바로 오바마의 어머니와 외할머니 그리고 아내 미셸이다. 그가 성장기를 함께 보낸 사람은 백인 어머니와 백인 외할머니고 정치인으로서 막 태동을 시작할 당시에 함께한 사람은 흑인 아내다.

오바마의 어머니 스탠리 앤 던햄은 하와이에 살고 있을 때 18세 여대생으로서 케냐 출신의 흑인 남자와 결혼하여 오바마를 낳았다. 오바마가 두 살 때 그의 아버지는 하버드 대학으로 떠났는데 그것이 아버지와의 이별이 되었다. 그 후 어머니와 아버지가 이혼을 했기 때문이다.

오바마는 어머니가 인도네시아인과 결혼을 하면서 함께 인도네시아로 가게 되었다. 그곳에서 지내는 4년여 동안 어머니는 특별히 오바마의 교육에 신경 썼다. 오바마에게 미국인임을 끊임없이 불어넣어 주었고, 그가 인도네시아에서도 영어를 잊어버리지 않도록 새벽 4시에 깨워 3시간 동안 영어를 가르쳤다. 킹 목사와 같은 훌륭한 흑인의 이야기가 담긴 책을 읽어주는가 하면 흑백 차별 철폐 운동을 한 유명한 흑인 가수의 노래를 들려주는 등 오바마가 자신의 정체성을 잃지 않도록 노력했다.

오바마의 어머니는 어느 날 어려운 결단을 내려야 했다. 오바마가 인도네시아인이 되느냐, 미국인이 되느냐를 결정하는 시점이 왔기 때문이다. 어머니는 오마마가 미국인이 되는 것을 결정하고 오바마를 자신의 부모님이 살고 있는 하와이로 데리고 갔다. 그리고 자신은 하던 공부와 일이 있었기에 오바마만 남겨둔 채 인도네시아로 돌아갔다.

어머니와 오랫동안 함께 살지 않았지만 오바마는 어머니의 삶

자체로 지대한 영향을 받았다. 그녀는 인종에 대한 경계가 없는 열린 마음을 가지고 있었다. 아직 미국의 절반 지역에서 흑인과 백인의 결혼을 법으로 금지했던 1960년대에 흑인인 아버지와 과감하게 결혼한 것만 보아도 알 수 있다.

오바마의 어머니는 공부를 중요하게 생각했다. 오바마를 키우면서도 끝까지 공부해서 인류학 박사 학위를 받고, 여러 가지 언어에도 능통했다. 빈민을 위한 소액 자금 대출에 관한 프로그램 등에 적극적으로 가담하면서 약한 자들을 돕는 것이 당연하다는 사상을 오바마에게 불어넣어 주었다. 그리고 자신이 소신을 가진 일은 말만 하는 것이 아니라 몸소 행동으로 옮기는 행동파였다. 편견과 두려움 없이 소신에 따라 굳건하게 행동하는 오바마의 행동 방식은 바로 어머니로부터 물려받은 것이다.

오바마는 『담대한 희망』이라는 자서전에서 외할머니는 자신의 전 삶에 기댈 바위와 같은 안정감을 주었고, 어머니는 항상 사랑으로 자신을 도와주었다고 했다. 또한 미국의 10대 신문 중 하나인 『시카고 트리뷴』에서 어머니는 자신에게 세계를 볼 줄 아는 눈을 키워준 양 날개와 같은 역할을 했다면, 외할머니는 미국인의 뿌리를 심어주었다고 평했다.

오바마가 그 자리에 이르게 된 배경에는 백인 어머니도 있었지만 백인 외할머니 매들린 던햄을 빼놓을 수 없다. 백인 외할머니는 오바마가 끝까지 꿈을 이루어내는 것을 보지 않고는 눈을 감을 수 없었는지 오바마가 대통령에 당선되는 것이 거의 확실시 되는 것을 보고 돌아가셨다. 대통령 당선 바로 전날 일이다.

외할머니 역시 인종 차별에 대해 열린 마음을 지닌 사람이 아닐 수 없다. 어머니보다 더 이전 세대여서 흑인에 대한 선입견이 더 클 수 있는데도 딸의 선택에 따라 흑인 사위를 기꺼이 맞이했다. 그리고 딸이 인도네시아인과 재혼을 하고 공부를 하는 것 등으로 자신의 도움이 필요하게 되자 오바마를 기꺼이 자기 손으로 키웠다.

외할머니는 딸이 혼혈인 외손자를 낳자 양육비를 마련하기 위해 하와이 은행에 들어가서 비서로 일했고, 그리 넉넉지 않은 가정 형편이었지만 자신들이 쓸 돈을 아껴가면서 오바마에게 엘리트 교육을 시켜주었다. 외손자가 10살이 되어 인도네시아에서 돌아왔을 때는 예전보다 형편이 좋아져서 백인과 부유한 가정 자녀만 갈 수 있는 하와이의 명문 사립학교 푸나후 스쿨에 보냈다. 외손자에 대한 사랑은 외할아버지도 마찬가지였다.

오바마는 1979년도에 로스앤젤레스에 있는 옥시덴탈 대학에 입학할 때까지 외조부모님과 함께 살면서 그들의 보살핌을 받았다. 그러나 청소년기에는 마약에 손을 대기도 하고 술을 마시기도 하는 등 자신의 정체성을 찾아 갈등했다. 백인인 외할머니는 흑인의 피가 흐르는 오바마의 갈등을 직접적으로 이해할 수는 없었지만 헌신적인 사랑으로 끝까지 보듬어주었다.

외할머니는 자신이 하는 일을 끝까지 이루어내는 사람이어서 비서로 일하던 하와이 은행에서 여성으로서는 처음으로, 더구나 대학 졸업장이 없는데도 부행장까지 되었다. 오바마는 자서전에서 자신의 교육을 위해 새 옷을 사지 않고 차를 바꾸는 것까지 미룬 외할머니에 대해 언급했다. 그만큼 외할머니가 자신을 위해 헌신했다는 것을 잘 알고 있고, 그런 외할머니 덕분에 지금의 자신이 있다는 것도 잘 알고 있다.

오바마는 민주당 전당 대회에서 대선 후보 수락 연설을 할 때 그 밤은 바로 외할머니를 위한 것이기도 하다고 하면서 외할머니에게 감사의 뜻을 전했다. 유세 중 외할머니가 돌아가셨다는 소식을 듣자 바로 자신의 외할머니는 전 미국의 영웅 중 한 사람이라고 하면서 비록 이름이 신문에 실리지는 않았지만 일상생활 속에서 열심히 사신 분이었다고 칭송했다.

어머니와 외할머니, 이 두 명의 백인 여인들이 오바마가 그 자리까지 오도록 버팀목 역할을 했다면 미셸은 오바마로 하여금 그가 자신의 꿈을 꽃피울 수 있는 환경이 되어 주었다. 오바마는 정말 중요한 결정은 항상 미셸과 의논한다. 사실 오바마는 피부색이 검지만 백인 여인들 사이에서 자라났으므로 흑인 사회에 뿌리가 없었다. 그는 흑인 사회에서의 뿌리가 얼마나 자신에게 중요한가를 깨닫던 즈음에 순수 흑인 사회에서 성장한 미셸을 만났다. 자연스럽게 미셸은 오바마에게 흑인 사회에 대한 연결

고리 역할을 하게 되었다.

미셸은 또한 오바마에게 안정된 가정의 분위기로 정서적 토대를 마련해주었다. 그런 정서적 토대는 대통령이라는 자리에 오를 수 있는 가장 중요한 기반이 되었다. 그 정서적 토대가 흔들릴 때면 미셸이 잡아주곤 했다.

미셸은 오바마가 너무 큰 꿈을 갖고 있기 때문에 현실과 괴리감을 느끼며 흔들릴 수 있는 상황이 될 때면 오바마로 하여금 자신이 어디에 서 있으며, 어디로 가야 하는지 확실한 답을 알려주기 위해 노력했다. 그리고 실제로도 꿈을 이룰 수 있는 방법에 대한 방향을 잡아주는 역할을 했다.

오바마에게 지대한 영향을 끼친 세 명의 여인들을 살펴보면 그들은 모두 자신의 현재 자리에 머무르지 않는 사람들이었다. 그들은 스스로 주변에 있는 벽을 깨뜨리고 앞으로 나아갔다. 그리고 오바마에게 한계를 지으며 더 이상 성장하지 못하도록 하는 유리 어항을 깨뜨리도록 했다. 오바마에게 어떤 꿈을 가지라고 하지는 않고 다만 꿈을 꿀 수 있는 환경을 마련해주고 버팀목이 되어 주었다. 그래서 이 세 여인이 없었다면 현재의 오바마는 존재하지 않았을 수도 있다는 것이다.

당신은 자녀나 가까운 사람들에게 좋은 영향을 주는 사람인가? 아니면 유리 어항을 만들어 더 이상 성장할 수 없도록 제한하는 사람인가? 내가 유리 어항을 두고 있으면 자녀에게도 그것을 만들어주게 된다. 내가 유리 어항에 갇혀 있으면 바깥을 볼 수 있는 안목도 없고, 그것을 깨뜨려야 할 필요성도 느끼지 못한다.

누군가가 당신으로 하여금 꿈을 이룰 수 있도록 지원해주고 있는가? 설사 그러한 사람이 없다고 해도 원망하거나 한탄하지 마라. 힘이 들겠지만 직접 깨뜨리면 된다. 넓은 세상이 기다리고 있고 그 노력에 대한 열매는 극히 달콤할 것이다.

# 자신 앞에 있는 환경을 뛰어넘어라 그 뒤에 성공이 기다리고 있다

어린 시절 오바마에게는 흑인 친구가 있었다. 그 친구는 오바마의 자서전에도 등장할 정도로 절친한 사이였다. 두 사람은 세월이 흐르면서 각자의 삶을 살면서 소식이 끊겼다.

그런데 오바마가 대선에 출마하고 난 후 비서관이 특별한 전화 한 통을 받았다. 바로 그 친구의 전화였다. 오바마가 전화를 받지 못할 상황이었으므로 두 사람이 직접 대화를 나눌 수는 없었다. 비서는 그 친구에게 오바마와 통화하려는 이유를 물었다. 비서로서는 당연히 물어야 할 질문이었다. 그는 돈을 달라고 했다. 그의 상황을 알아보니 감옥살이를 한 적도 있고, 현재 노숙자 신세였다.

어린 시절 오바마와 그 친구는 모든 것이 다를 바 없었다. 그런데 한 사람은 노숙자가 되었고, 한 사람은 대통령이 되었다. 출신과 환경이 똑같았던 이 두 사람이 극과 극을 달리는 인물이 된 것은 왜일까?

오바마의 친구는 자신을 둘러싸고 있던 출신과 환경의 벽을 뚫지 못했기 때문이다. 그런 벽 속에 머물러 있다가는 더욱더 옥죄임을 당하게 된다. 점점 그 벽이 더 높아지고 더 두꺼워지고 더 가까워지면 그 안에 있는 사람을 꼼짝달싹 못하게 한다. 정말 그 친구는 더 높고 두꺼운 벽으로 둘러싸인 감옥에 갇혀버렸다. 그리고 더 이상 있을 곳조차 없는 노숙자가 되어버렸다.

그와 반대로 오바마는 자신의 출신과 환경이라는 벽을 뚫었다. 대개 그 벽은 위로 상승할수록, 더 성장할수록 더 두꺼워지지만, 처음부터 지속적으로 뚫는다면 벽을 뚫을 수 있는 자기만의 노하우가 생기고 자신감과 힘도 생긴다. 꿈을 향해 지속적인 나가다보면 그 벽이 장애물이 되기도 하지만 자신을 더 발전시키는 매개체가 되기도 한다.

오바마와 친구의 이야기에서 우리가 알아야 할 것이 있다. 그것은 지금 우리가 어느 곳에 있는 어떤 사람이건 간에 언제나 시작은 계속되므로 자신에 대한 생각을 늘 새롭게 정립해야 한다는 것이다. 오바마와 미셸이 꿈을 이룬 것처럼 우리도 꿈을 이루지 못할 이유가 없다.

지금 세계는 경제 위기로 들끓고 있다. 그러나 지금의 경제 위기도 오바마와 미셸을 미국 최초의 흑인 대통령과 흑인 영부인을 탄생시키는 데 한 몫을 했다. 이처럼 위기는 당신을 새로운 모습으로 탄생시키는 계기가 될 수 있다. 바로 그것이 우리가 어려움 속에서도 밝은 미래를 꿈꿔야 하는 이유이다.

꿈을 이루려면 매 순간 자신이 만든 유리 어항을 깨뜨려야 한다. 물론 힘이 들 것이다. 익숙하고 평온하던 환경도 떠나야 할 것이다. 그러나 그곳을 떠나야 큰 고래처럼 세계라는 온 바다를 여행할 수 있으므로 해볼 만한 일이다.

# 최고의 자리 대통령에 도전했던 야망의 여인
# 힐러리 클린턴

대다수 사람들이 민주당 대통령 후보가 되리라고 생각했던 거물급 정치인 힐러리가 이제 막 정치계에 발돋움한 오바마에게 패배하리라고는 대선전 초기에는 아무도 생각하지 못했다. 힐러리는 민주당 경선이 진행되는 과정에서 오바마가 더욱더 많은 사람들의 지지를 받으면서 여러 차례 힘든 접전을 벌여야 했다. 결과는 패배였다.

그러나 우리는 잘 알고 있다. 꿈을 향해 최선을 다하는 힐러리의 도전은 계속되고 있다는 것을 말이다. 그렇기 때문에 이번 대선에서는 대통령이 되지 못했지만 마치 궁수가 활을 당기듯 한발 물러나서 새로운 도전을 준비하고 있으리라는 것을 상상할 수 있다.

오바마가 대통령에 당선되면서 힐러리를 국무 장관 자리에 앉히겠다는 계획이 떠돌자 우려하는 목소리도 나왔다. 바로 다음 대선을 위한 발판으로 힐러리가 그 자리를 맡지 않을까 하는 생각에서였다. 물론 그럴 수 있다. 세계의 변화는 누구도 모르는 법, 4년 또는 8년 후에는 시대가 힐러리를 필요로 할지 모른다. 한 정치적 지도자로서 그때를 위해 준비하는 것은 당연한 일이다.

오바마는 힐러리에게 빚진 것이 있다. 힐러리는 민주당 경선에서 오바마에게 패배한 후 그 즉시 대통령 후보로서 공화당의 매케인과 힘든 싸움을 벌여야 했던 오바마를 지지했다. 힐러리가 부통령 후보로 지명되지 않을까 하는 여론도 나왔지만 조지프 바이든 상원의원이 부통령 후보가 되었다. 아무튼 오바마는 힐러리를 묵과할 수는 없는 입장이다. 결국 오바마는 자신의 뜻대로 힐러리를 오바마 정부의 가장 요직인 국무 장관에 임명했다.

민주당 경선에서 후보들을 가장 측근에서 지지한 사람들은 바로 그들의 배우자였다. 힐러리 곁에는 클린턴 전 대통령이 있었고, 오바마 곁에는 미셸이 있었다. 미셸은 힐러리가 여성이라는 점을 이용하여 여성들의 표를 끌어모으는 힘을 견제했다.

힐러리는 여성적인 감성으로 대중에게 호소하려고 했지만 미셸의 등장으로 그것이 힘들어졌다. 미셸은 누구나 입는 평범한 옷을 입고 어린 두 딸을 데리고 유세 현장에 나타났다. 그러면서 자신은 바깥 일이 많아 귀가가 늦어지더라도 될 수 있는 대로 집에 들어가서 아이들과 함께 잠을 자려 한다고 했고, 남편인 오바마가 자신과 두 딸들을 아주 사랑한다고 말하면서 가족을 편안하게 해주어야 백악관을 잘 다스릴 수 있다며 은근히 힐러리의 약점을 찔렀다. 힐러리의 남편 클린턴 전 대통령의 염문설을 간접적으로 거론하는 것이나 마찬가지였다.

미셸의 극히 여성스러운 분위기로 힐러리는 여성적인 힘을 발휘하기보다 상대적으로 영부인과 상원의원을 지낸 큰 영향력을 지닌 정치인으로 부각되었다. 그것은 그녀가 국민들이 불만스러워하는 정치에 지금까지 관여했으므로 그녀에게도 그 책임이 있다는 것을 의미했다. 미셸이 간접적으로 힐러리의 여성상에 도전함으로써 힐러리 대 미셸의 경쟁으로 분위기가 잡히기도 했다. 따라서 힐러리와 미셸 중 누가 여성 표를 많이 흡수하느냐에 관심이 쏠리기도 했다.

힐러리는 1947년 시카고에서 태어나 비교적 평범한 가정에서 평온한 분위기 가운데 성장했다. 명문인 웨슬리 여자 대학을 다니는 동안 정치 단체에 잠시 몸을 담았고, 웨슬리 대학 학생회장도 지내고 졸업식 대표 연설로 언론의 주목을 받기도 했다. 그 당시 이미 정치인으로서 자질을 엿볼 수 있었다.

그 후 힐러리는 예일 대학교 법학 대학원에 입학했고, 거기서 빌 클린턴을 만났다. 졸업 후에 그들은 함께 아칸소 대학에서 법학을 강의하기도 했으며 1975년 결혼했다. 법학과 교수로 지내던 그때부터 클린턴은 하원의원 도전을 준비하는 등 구체적으로 정치계에 몸담으려 했다. 당시 클린턴은 하원의원 선거에 패했으나 그 후 아칸소주의 지방 법관으로 선출되었고, 힐러리는 법률 회사에서 변호사로 일했다.

몇 년 후 빌 클린턴은 아칸소의 주지사로 선출되고, 힐러리는 농촌지역건강지원위원회 회장으로 임명되어 가난한 지역 사람들이 의료 혜택을 잘 받도록 도움을 주기 위해 연방 예산을 따내는 일을 하기도 했다.

남편 클린턴이 대통령이 되기 전까지 힐러리의 수입은 클린턴보다 더 많았다. 다니던 로즈 법률 회사의 공동 파트너로 승진했기 때문이었다.

1992년에 빌 클린턴이 대통령에 당선되면서 힐러리는 영부인이 되어 정치적으로 강력한 영향력을 발휘했다. 그전까지 영부인과는 다른 모습이다. 힐러리는 국민건강보험 개정에 관여했고, 어린이건강보험 프로그램 법안을 만들어 추진하기도 했다. 특히 의료 혜택을 받지 못하는 가정의 아이들을 지원하는 일에 많은 기여를 했다.

그러다 한바탕 백악관에 태풍이 불어닥쳤다. 모니카 르윈스키와 클린턴의 혼외 정사에 관한 사건 때문이었다. 그 사건은 전 미국에 엄청난 파문을 불러일으켰다. 힐러리는 끝까지 클린턴을 신뢰하며 우익의 음모일 뿐 남편은 아무런 잘못도 없다는 태도를 보였다. 그러다가 그 사실이 진실로 밝혀지자 결혼 위기설이 나돈 것은 말할 나위없다. 힐러리의 생각과는 상관없이 그렇게 추정하는 것도 무리가 아닌 사건이었다.

　그러나 힐러리는 남편이 그러한 사건을 일으켜서 화가 많이 나고 결혼에 대한 회의도 들었지만 클린턴에 대한 믿음을 저버리지 않겠다는 태도를 보임으로써 사건을 끝맺었다. 미국 국민들은 그런 결단을 할 수 있는 그녀를 다시 보며 그녀의 힘을 높이 샀다. 그러나 클린턴과 힐러리의 결혼 위기설이 계속 되고 있는 것을 보면 이에 대한 의문은 여전히 남아 있다.

　클린턴이 대통령 임기를 마치자 백악관을 나온 힐러리는 상원의원에 출마하여 당선되었다. 이때부터 힐러리의 차기 대권에 대한 추측이 속출했다. 그녀는 상원의원을 거치면서 자신만의 정치적 영향력을 만들어갔고, 결국 2008년 민주당 대통령 후보 경선에 등장했다. 경선에서 오바마에게 패하여 이번 대선에서는 꿈을 일단 접었지만, 힐러리는 오바마 정부의 국무 장관이라는 중직을 맡았다. 그러나 거기에 그칠 힐러리는 아니라고 본다. 자신의 꿈을 끝까지 이루는 야망의 여인 힐러리의 다음 행보를 기대해도 좋을 것이다.

★ 생각의 폭을 넓히고 또 넓혀라. 당신이 사는 세상은 당신이 생각하는 폭만큼 넓어지기도 하고 좁아지기도 한다.

★ 성공을 원하는가? 그렇다면 먼저 생각이 그 성공 가까이가 있도록 하라. 그러면 몸이 곧 뒤따라갈 것이다.

★ 모든 인간은 유기적인 관계에 있다. 당신 곁에 있는 사람에게 가능성의 문을 열어주고 잘되게 도와주라. 그것이 결국 당신이 성공하는 길이다.

★ 환경이 길을 막는다고 고개 숙이지 마라. 그 환경을 뛰어넘는 과정에서 그만큼 힘을 얻게 된다. 그 환경 너머에는 성공이 기다리고 있다.

# 미셸 오바마처럼 말 잘하는 법



① 말할 때 이것을 먼저 가슴에 담아라

많은 사람들이 내가 말하기만을 기대하면서 바라보고 있는데 할 말이 전혀 생각나지 않는 황당한 상황을 겪어본 적이 있는가? 어느 곳에서든 자신이 하고자 하는 말을 자신 있게 하면 좋은 인상을 줄 뿐 아니라 상황을 자신에게 유리하게 이끌 수 있고 그 자리를 압도할 수 있다. 단, 이를 위해서는 자신의 말과 행동이 그 상황에서 어떤 작용을 하는지 먼저 의식해야 한다. 그 다음으로는 목표 의식을 가지고 의사소통 능력을 상승시키는 방법을 연습하면 그리 힘들지 않게 말을 잘할 수 있게 된다.

적당한 곳에 목소리 톤을 높이고, 적당한 곳에 쉼을 두고, 누구나 예측할 수 있는 부분에서 제스처를 하며 마치 깎아 만든 듯한 작품과 같은 연설을 들으면 어떠한 기분이 드는가? 완벽한 연설이기는 하지만 딱딱한 벽을 치는 것과 같은 기분이 들 것이다.

말을 하는 목적은 의사소통이므로 말을 하는 동시에 그 속에 담긴 의도가 전달이 되어야 한다.

의사소통을 하기 위해서는 먼저 자신이 무엇을 어떤 목적으로 전달하고자 하는지를 알아야 한다. 그리고 자신이 한 말이 다른 사람에게 어떻게 받아들여질지 생각해야 한다. 특히 말을 할 때는 긍정적인 생각을 해야 한다. 아무리 아름다운 말을 해도 생각이 부정적이면 그 부정적인 느낌이 사람들의 가슴에 파고 들어 말과 느낌이 서로 상충하게 된다. 그러면 좋은 인상을 심어줄 수 없다.

말을 하면서 '나는 말을 잘 못해! 더 이상 말이 생각나지 않으면 어떻게 하지? 사람들이 내 말을 잘 듣고 있지 않는 것 같아!' 등과 같은 생각은 하지 말아야 한다. 그 생각이 당신의 말을 가로막게 되기 때문이다. 또한 '말을 잘할지 모르겠습니다. 나는 말을 원래 잘 못합니다.' 등과 같은 말도 하지 않는 것이 좋다. 그 말 또한 당신의 입을 가로막기 때문이다. 뿐만 아니라 사람들은 당신을 겸손하게 생각하거나 이해하지 않고 당신이 정말로 말을 못하거나 능력이 없다고 생각할 수 있기 때문이다.

② 상대방을 존중하며 대하라

대화를 할 때 중요한 것은 상대방에게 자신이 말하는 목적을 잘 전달하는 것이다. 어떤 주제의 대화를 하고 있건, 까다로운 문제를 다루고 있건, 상대방을 내가 좋아하건 않건 간에 상대방을 존중하면서 좋은 분위기를 이끌어내야 한다. 그러면 일단 많은 점수를 따고 들어가고, 그 대화를 통해서 당신이 얻으려고 하는 많은 부분을 이미 이루었다고 보아도 좋다.

이는 전화 대화에서도 마찬가지다. 상대방이 당신의 모든 것을 보고 있다고 생각하고 대화하라. 당신의 말을 통해서 당신이 말하는 태도를 정확하게 알 수 있기 때문이다. 비스듬히 누워서 전화하는지, 반듯하게 앉아서 전화하는지, 혹은 활짝 미소를 띠면서 말하는지 등. 사람은 보이지 않는 것을 느끼는 능력이 있으므로 상대방이 당신의 모습을 볼 수 없어도 자신을 존중하는지 정확하게 안다.

다른 사람의 말에 다른 의견이 있거나 비판할 것이 있으면 하고 싶은 말을 잘 정리해야 한다. 절대로 '그런 바보 같은 말이 어디 있어요!' 라든가 '그건 말도 안 돼!' 등과 같은 감정을 상하게 하는 언사는 피하라. 고개를 옆으로 흔든다거나 비웃는 등 비언어적인 표현도 상대방에게는 아주 부정적으로 다가가게 된다. 그런 행동을 할 때 어떤 느낌이 들지 먼저 생각해보라. 만약 의문스러운 점이 있으면 '그것이 과연 잘 될지 잘 모르겠습니다.

왜냐하면…' 이라고 정중한 태도로 말하는 것이 좋다.

### ③ 자신이 할 말을 준비하라

말을 잘하기 위해서는 치밀하게 준비해야 한다. 약속된 미팅이라면 더욱더 준비를 잘 해야 한다. 아무 준비 없이 미팅에 나가는 것만큼 이미지를 손상시키는 것은 없다. '시간이 없어서…' 라는 변명은 그 미팅과 당사자를 무시하는 처사로 받아들여진다. 그 정도 시간을 낼 가치도 없다는 말이기 때문이다.

만약에 그 어떤 이유로든 준비를 하지 못했다면 솔직히 상대방에게 말하라. 그리고 정중히 사과한 후 그래도 미팅을 시작할 것인지 아니면 연기할지 물어보라. 때에 따라서 상대방에게 한 30분 정도 휴식 시간을 갖게 하고 말을 준비해도 된다. 시간적 압박감은 생각을 더 원활하게 한다.

대중 앞에서 말을 하도록 의뢰받았다면 사전에 구체적으로 무슨 주제에 관련된 내용을 원하는지 확실하게 하라. 그리고 거기에 관련된 정보를 입수하라. 당신에게 말할 것을 의뢰한다면 대부분은 당신의 전문 분야나 경험 범위에 있는 주제일 것이므로 준비에 많은 시간을 들이지 않아도 될 것이다. 그러나 당신의 전문 분야와 전혀 다르거나 경험한 바가 없어서 의뢰를 받아들일 수 없다면 솔직히 말하고 주제를 절충하는 것이 좋다.

어떤 경우에는 즉석에서 당신에게 한 마디 해줄 것을 의뢰할 수도 있고, 당신의 의견을 물을 수도 있다. 그렇다고 당황하지 마라. 그럴 경우 아무도 당신이 완벽한 대답을 해주리라고 생각하지 않는다. 그때도 솔직히 말하는 것이 좋다. '그 점에 대해 한번도 생각해본 적이 없지만, 제가 생각하기에는…' 이라고 말함으로써 생각을 정리할 시간을 조금이라도 얻을 수 있다. 또는 '그 점에 대해서 잠시 생각해본 후에 말씀 드려도 되겠습니까?' 라고 정중하게 말하고 다른 사람이 말하는 동안 생각해보고 말할 수도 있다.

미팅에서 말을 해야 한다면 미팅 주제에 관련된 정보를 수집하고 당신이 제안할 내용이나 계획을 미리 정리해두기 바란다. 또한 지금까지 내어놓은 해결책을 알아보고 거기에 대한 당신의 의견을 정리하며 그 미팅에서 어떤 목표에 도달하기 원하는지 생각해두는 것도 좋다.

생각하는 것을 글로 적는 것 또한 중요하다. 그것이 단어여도 좋고 그림이어도 좋다. 그 단어나 그림을 보면 당신이 생각했던 내용이 즉시 생각날 것이다. 메모지를 손에 들고 말하면 마음이 편안해지고, 꼭 하고 싶었던 말을 놓치거나 실수하지 않고 할 수 있다. 그리고 듣는 사람은 당신의 준비성에 좋은 느낌을 받게 된다. 복잡한 내용에 대해서는 자료를 준비해서 나누어주거나, 파워포인트로 보여주면서 대화하는 것이 좋다.

④ 말하고자 하는 내용을 메모하라

하고자 하는 말을 메모해두는 것이 중요한 이유는 핵심을 벗어나지 않을 수 있기 때문이다. 대화를 그때그때 생각나는 것에 의지하면 분위기나 함께하는 사람에 따라 곁길로 빠지게 될 가능성이 크다. 주제와 관련 없는 여러 가지 말을 하다보면 자신이 무슨 말을 하고 있는지 모를 수도 있다. 그렇게 되면 말을 듣는 사람은 무엇을 느끼게 될지 말할 것도 없다.

말하고자 하는 내용을 단계별로 분리해서 메모하고 하나씩 해결해나가는 것이 좋다. 대화를 나누다보면 중간에 생각지도 않던 내용이 부각되어 그 방향으로 전체적인 대화가 이끌려 가기도 한다. 그러면 당신이 말하려던 단계를 뛰어넘어야 할 상황이 생길 수도 있다. 그럴 때는 당신이 말하려던 단계를 기억하면서 갑자기 부각된 내용에 대해 대화한다면 적당한 시간에 당신이 말하려던 부분으로 즉각적으로 되돌아올 수 있다. 또는 자연스럽게 어떤 단계로 그냥 넘어가 먼저 거론할 수 있는 유연성을 발휘할 수도 있다. 다시 당신이 말하려던 주제로 돌아올 시간이 되었다고 판단될 때는 사람들에게 정확하게 그것을 알리고 당신이 메모해둔 단계로 되돌아오면 된다. 이런 상황에 메모는 큰 도움이 된다.

⑤ 말할 시기를 잘 잡도록 하라

누구나 대화에서 중요한 역할을 할 수 있다. 다른 사람이 말하는 틈틈이 적당한 때에 내용에 대해 더 자세하게 질문을 한다거나, 그 내용에 부연 설명을 한다거나, 자신의 의견을 밝히는 것 등이다. 단, 다른 사람의 말을 중간에서 자르지는 말아야 한다. 혹 그런 일이 발생했다면 정중히 사과하고 그 사람이 말을 계속하도록 해주어야 한다. 그리고 다른 사람이 말하는 주제에서 벗어나는 내용으로 중간에 끼어들지 말아야 한다. 한 주제에 대한 이야기가 끝난 다음에 그 다음 주제로 넘어가도록 하라.

만약 대화를 나누는 사람 중에 목소리가 작거나 말할 기회를 잡지 못하는 사람이 있다면 그 사람에게 말할 기회를 주는 것이 좋다. 당신이 그런 사람에 속한다면 의도적으로 다른 사람의 관심을 끌도록 시도하는 것이 좋다. 손을 들어 말을 하고 싶다는 것을 표시하는 것도 하나의 방법이다. 또는 말하는 사람을 좀 더 집중적으로 바라보면서 경우에 따라 환한 표정을 짓거나 고개를 약간 끄덕이면서 상대방을 응시하는 것도 괜찮다. 그러면 상대방은 본능적으로 당신이 할 말이 있다는 것을 느끼고 당신에게 말할 기회를 줄 수 있다.

⑥ 자신을 긍정적으로 비치도록 하라

항상 자신이 가진 의견에 충실하는 것이 바람직하다. 그러기 위해서는 먼저 자신이 가지고 있는 견해를 숙고해야 한다. 말하는 내용이 불확실하면 대충 말하거나 말소리가 점점 작아지게 된다.

당신이 하고자 하는 말을 구체적으로 하라. 당신의 의사가 분명하고 확신이 든다면 상반되는 의견이 나온다고 해도 할 말이 있을 것이다.

만약 그렇지 않다면 잘 모른다고 솔직히 말하는 것이 좋다. 차후에 그 내용에 대해서 알려주겠다고 해도 좋다. 그리고 약속한 것은 그것이 아무리 보잘것없는 것이라도 꼭 지키는 것이 신뢰를 유지하는 길이다.

'사람들은 말하기를…' 이라는 말로써 의사 표현을 회피하는 것보다 '제가 생각하기에는…' 라고 정확하게 자기 의견을 말하는 편이 더 긍정적으로 받아들여진다. 그리고 사람의 이름이나 숫자나 장소 이름 등 대화에서 핵심적인 것은 정확하게 말하는 것이 좋다. 그것을 외우고 있지 않아도 상관없다. 메모지에 적어서 보고 말해도 당신의 준비성이 나타나므로 긍정적으로 받아들여진다.

말을 듣는 다른 사람의 자세나 태도가 마음에 들지 않는다고 해도 '똑바로 앉으세요' 라고 하거나 '팔을 꼬지 마세요' 라고 하거나 '나를 똑바로 쳐다보세요' 라는 명령조의 말은 하지 않는 것이 좋다. 그러면 사람들의 마음이 경직되어 당신에게 마음을 닫을 우려가 있기 때문이다. 그 대신 당신이 개방된 자세를 보이면서 긍정적인 에너지를 불어넣는 것이 바람직하다.

말을 할 때 긍정적인 인상을 주는 것은 말 그 자체보다 자세다. 팔이나 다리를 꼬고 앉아도 보고 바른 자세로도 앉아 보라. 뒤로 비스듬히 기대어 앉아도 보고 똑바로 앉아서 약간 몸을 상대방 쪽으로 기울여도 보라. 느낌뿐 아니라 말하는 톤도 달라지게 될 것이다.

긍정적으로 비춰지는 또 다른 대화 방법은 항상 차선책을 준비해두는 것이다. 즉 '그렇다면 이렇게 하는 것은 어떨까요?' 하고 모두가 벽에 부닥칠 때를 대비해서 문을 활짝 열어두는 것이다. 더 이상 목표를 향해 진전이 되지 않는 상황에서 당신이 준비한 차선책을 내어놓는다면 준비성과 융통성과 유연성으로 점수를 딸 것이다.

⑦ 좋은 음성으로 사람들의 시선을 집중시켜라

성격에 따라 작고도 조용히 말하는 사람이 있는가 하면 귀가 울리도록 크게 말하는 사람이 있다. 목소리는 말하는 사람의 감정에 따라 달라지기도 한다. 사랑을 고백할 때가 다르고 화가 났을 때가 다르다. 사람의 기분은 음성에도 묻어나서 그대로 전달된다. 사람들이 즐거이 당신의 말에 귀를 기울이고 신빙성이 있다고 생각하는 경우는 말의 내용에 앞서서 당신의 음색이 긍정적인 에너지를 뿜어낼 때이다.

좋은 음색은 좋은 감정이 겉으로 표출되면서 만들어진다. 심각한 표정을 하고 '아, 참 즐겁다!'고 말해보고 활짝 미소를 지으면서도 말해보라. 표정에 따라서 음색이 확연히 달라지는 것을 알 수 있을 것이다. 그 어떤 말을 할 때에도 환한 표정을 지어보라. 밝은 표정과 함께 나오는 음색에 사람들은 귀 기울이지 않을 수 없을 것이다.

정말로 말을 잘하고 싶은 사람이라면 자신의 음색을 결정을 하고 항상 그 소리가 나오도록 연습해야 한다. 정치인의 음색이 다르고, 방송인의 음색이 다르듯이 어떤 상황에서 말을 하느냐에 따라 필요한 음색이 다르다. 그것이 개인적인 상담이거나 소규모 미팅이든, 강단 연설이든 그때마다 어떤 음색을 내야할지 결정해야 한다. 단, 자신의 성격에 맞추어 음색을 결정해야 한다. 평소에 느리고도 나지막하게 말하는 사람이 갑자기 빠르고도 큰 소리로 말한다면 자신부터가 편안하지 않게 된다. 그러면 당황하게 되므로 자신의 개성을 최대한 살리는 음색을 선택하여 잘 다듬는 것이 바람직하다.

말하는 속도가 너무 느리거나 너무 빨라도 계속적으로 듣기 힘들어진다. 말하는 속도가 너무 느릴 경우 듣는 사람이 지루해 할 뿐 아니라 심할 때는 숨이 막힐 정도로 답답해 할 수 있다.

특히 사람들은 자신이 하는 말이 불확실할 때 점점 더 빨리 말하게 된다. 그 현상만으로도 상황이 다 읽혀지므로 이럴 때는 차라리 의식적으로 쉼을 두는 것이 낫다.

확실하지 않는 것을 빠른 속도로 내뱉어버리는 것보다 생각하기 위해 잠시 쉼을 두는 용기와 여유를 가진 이를 사람들은 더 존중한다. 나에게 말하기 위해서 누군가가 무엇을 생각하고 있다는 것은 결국 나에 대한 존중심의 표현이기 때문이다. 물론 이럴 때 '잠깐만 생각을 해보겠습니다' 등과 같은 말로 양해를 구하면 더욱 좋은 인상을 주고, 사람들을 집중시킬 수 있다.

음성을 가다듬는 가장 간단한 방법은 자신의 음성을 듣고 자신이 말하는 모습을 보는 것이다. 그러면 어디에 교정이 필요한지를 상당 부분 스스로 깨닫게 된다. 거기에 전문가의 도움을 곁들인다면 더욱 좋은 훈련이 되는 것은 당연하다. 녹음과 영상을 이용하여 말하기를 지도하는 전문 기관도 있다.

자신에게 어떤 음성이 좋다는 것을 결정했다면 연습이 중요하다. 가장 간단한 방법은 글을 크게 읽으면서 자신이 말하는 것을 듣는 것이다. 그냥 말하지 말고 자신의 음성을 의식하면서 말하고 중요한 단어는 강조하고 적당한 때 쉼을 두면서 읽는 것이 좋다. 자기 귀에 듣기 좋으면 다른 사람 귀에도 듣기 좋을 가능성이 훨씬 크다.

들기 좋은 음성을 만드는 법은 다음과 같다.

● 당신의 음성을 녹음을 해서 들을 때 무슨 기분이 드는가? 평소 자신이 생각하던 것과는 많이 다르게 들릴 것이다. 음성을 교정하려면 객관적으로 듣고 받아들여야 한다. 자신의 음성을 먼저 녹음을 해서 자꾸 들어보고 익숙해지도록 하라.

● 대부분은 음성 자체가 문제가 아니라 어떻게 말하느냐가 그 음성이 듣기 좋은지를 결정짓는다. 녹음기를 켜놓고 책을 한 문단 정도 평소에 말하는 대로 읽어보라. 그리고 녹음한 것을 처음에는 어조에 관심을 갖고 들어보고, 다음에는 속도, 그 다음에는 발음에 유의하며 들어보라. 한 번에 한 가지 부분에 대해서만 관심을 갖고 자신의 음성을 파악하라.

● 당신의 음성은 어떤 점이 마음에 드는지, 어떤 점이 교정을 하면 좋을지 메모를 해보라. 자기 마음에 드는 음성이 다른 사람이 들을 때도 듣기 좋은 음성일 것이다. 당신의 개성과 정신이 담겼기 때문이다.

● 다시 책을 읽으면서 앞에서 유의한 부분을 하나씩 생각하며 속도를 조절하고, 정확하게 발음하며, 어조를 정해보라. 조금씩 변화되어가는 음성을 들을 수 있을 것이다.

⑧ 제스처를 유의하라

말을 할 때 손을 어디에 둘지 몰라 당황스러워하는 사람들이 많다. 볼펜을 이리저리 굴리거나 메모지에 무언가를 긁적거리는 사람도 있고, 머리나 팔 등 신체 부위에 손을 자꾸 대는 사람도 있다. 그런 불필요한 행동은 긍정적인 인상을 주지도 않을 뿐더러 대화에 도움이 되지 않는다. 상대방의 시선을 분산시킬 뿐 아니라 당신이 하는 말에 확신이 없다는 느낌을 줄 우려가 있다.

반대로 상대방의 말을 들을 때 그런 불필요한 행동을 한다면 상대방은 당신이 자기 말을 듣지 않거나 다른 생각을 하고 있다는 느낌을 받게 된다. 이 역시 대화 분위기를 망치는 결과를 자아내고 좋은 인상을 줄 수 없다.

대화할 때 무엇인가를 손에 들고 있으면 불필요한 행동을 할 수 있다. 대화를 하는 동안 자신의 생각과 감정에 사로잡혀 행동하기 쉽기 때문이다. 의식하고 있지 않으면 부정적인 감정을 가질 때는 분명히 부정적인 제스처를 하게 되고, 긍정적인 감정을 가질 때는 긍정적인 제스처를 하게 된다. 자신도 모르게 불필요한 제스처를 하지 않기 위해서는 무엇인가를 손에 들고 말하는 것을 피하는 것이 바람직하다.

경우에 따라 두 손을 모으고 말한다든가, 탁자 위에 손을 올려두었다가 적당한 때에 적당한 제스처를 하면 설득력을 높일 수 있다. '크다'는 말을 할 때 제스처를 작게 하거나, '작다'는 말을

할 때 제스처를 크게 하면 설득력이 떨어진다. 그러므로 제스처
와 말이 일치하도록 하는 것이 좋다.





① 대중 앞에 설 때 이것을 생각하라

당신의 말을 듣는 대중은 당신이 그 시간을 성공적으로 끝내기
를 바라고 있다고 생각하라. 대중이 당신을 테스트하려고 한다
거나 비판하려고 준비하고 있다고 생각하면 당신과 대중은 적대
관계에 서게 될 것이다. 그것은 당신의 생각이 스스로 만들어낸
것이며 좋은 결과를 낳을 수 없다.

대중 앞에서 무엇에 대해 말할 것인지가 분명하고, 그 주제가
당신에게도 흥미가 있으면 어떤 경우에도 걱정할 것이 없다. 그
러므로 자신이 하고자 하는 말에 확신에 확신을 가지도록 하라.
미팅이건 수백 명이 모인 강단에서건 수천 명이 모인 대형 경기
장에서건 당신은 대중에게 말할 합당한 이유가 있어야 한다. 만
약 그 주제가 별로 중요하지 않다고 생각되거나 내용에 확신이
없다면 당신은 절대로 성공적으로 말할 수 없다. 모든 것에는 의
미가 있게 마련이므로 그것을 찾아 스스로 확신을 갖도록 노력

하라. 설사 당신이 생각한 분위기가 아니어서 당황하게 된다 하더라도 당신은 할 말을 하게 될 것이다.

## ② 적당한 도구를 활용하라

물론 전문 분야에 따라서 상당 부분 텍스트를 보아야 할 경우도 있지만 작성한 텍스트를 그대로 읽는 것은 대중을 무척이나 지루하게 한다. 더군다나 대중은 자신의 전문 분야를 머리에 담지도 못한 사람의 말에는 신빙성을 느끼지 못한다. 그뿐 아니라 텍스트를 바라보는 시간이 길면 대중과 시선 접촉이 제대로 되지 않기 때문에 말이 전달되기 힘들고, 대중의 집중력이 약화된다. 그러므로 다양한 방법으로 대중의 집중력을 이끌어내는 것이 좋다.

메모지에는 각 주제를 간격을 두고 큰 글씨로 쓰는 것이 좋다. 그리고 메모지들이 흩어질 때를 대비해서 쪽 번호를 매겨두는 것이 좋다. 설사 메모지를 볼 필요가 없다고 해도 갖고 있으면 긴장을 완화하는 데 많은 도움이 된다.

말을 할 전체적인 목차를 칠판이나 플립 차트에 적어 놓아도 좋다. 당신도 전체적인 내용을 볼 수 있고, 대중에게 당신이 말할 주제에 대한 정보를 줄 수도 있기 때문이다. 만약 처음부터 모든 주제에 대해 대중이 아는 것을 원치 않는다면 내용을 가려놓고 말하면서 적당한 때에 보여주는 것도 좋다. 그럴 경우 글씨가 잘 보일 수 있도록 고려해야 한다.

만약 파워포인트와 같은 시각 자료를 활용한다면 꼭 필요한 것만 사용하는 것이 좋다. 시각 자료 없이도 성공하는 강연이 가장 좋겠지만, 시각적인 자료가 강연을 성공으로 이끌 가능성이 높다. 파워포인트를 사용할 경우 꼭 필요한 것만 사용하고 바탕색과 대비되는 글자색을 선택하여 눈에 잘 들어오게 하는 것이 좋다.

파워포인트를 사용하면 강연장을 어둡게 해야 하기 때문에 대중이 쉽게 졸 수 있다. 말하는 사람과 시선 접촉이 드물기 때문에 집중력이 떨어질 가능성도 있고, 소규모 공간일 경우 프로젝트에서 나오는 열기로 더워질 가능성도 있다. 그러므로 실내는 밝기를 적당하게 조절하고, 온도를 약간 내리는 것이 좋다.

시각 자료를 사용할 때는 만약의 경우를 대비해서 스스로 장비를 설치하는 방법에 대해서도 알아두는 것이 좋다. 시각 자료를 갑자기 사용하지 못하게 되는 경우도 생길 수 있으므로 시각 자료 없이도 말을 할 수 있도록 꼭 대비해야 한다. 현장에 나가보면 여러 가지 문제로 준비한 자료의 사용이 여의치 않는 경우가 의외로 많다.

마이크를 사용해야 할 경우 마이크 소리를 미리 점검해보고 크기를 조절해야 한다. 여러 가지 마이크가 준비되어 있다면 가장 편안하게 들리는 마이크를 선택하는 것이 좋다. 여러 번 마이크로 말을 해보고 마이크로 흘러나오는 자신의 소리에 익숙해지도록 하는 것이 좋다.

### ② 떨리는 가슴을 진정시켜라

대중 앞에 서는 사람은 누구나 긴장을 하게 된다. 긴장은 당신 속에서 에너지가 보통 때보다 더 강하게 작동하기 때문에 그것을 느끼는 것이다. 그 에너지를 당신이 성공적으로 말하는 데 도움이 되는 긍정적인 것이라고 생각하라. 만일 긴장이 없다면 대중 앞에 서서 말하지 않는 편이 더 낫다. 긴장이 전혀 되지 않을 경우 당신이 하려는 말은 너무나 자주 해서 가슴에서 울려나는 것이 아니라 입술에서 습관적으로나 기술적으로 흘러나오는 것일 수 있다. 입술의 말은 귀에는 울릴망정 가슴에는 와 닿지 않을 수 있다.

적당한 긴장은 말을 하는 데 도움이 되지만 지나친 긴장은 생각을 가로막아버리기 때문에 바람직하지 않다. 지나친 긴장을 벗어나기 위해서는 다음과 같은 방법을 쓰도록 하라.

● 말을 잘하기 위해서 너무 지나치게 연습을 하지 말아야 한다. 예를 들어, 말할 내용을 그대로 외우고 그 외운 내용에 집착하고 있으면 당신의 머리가 거기에 묶여버릴 우려가 있다. 일단 말할 내용을 정하고 머리에 담고 있다면 그것을 외우지 말고 머

192

리에서 파노라마처럼 흘러가도록 연습하는 것이 실제 상황에서 유연하게 말할 수 있는 방법이다.


● 강단에 바로 서기 전에 차나 커피를 마시지 마라. 말을 하다 보면 목이 마를 우려가 있기 때문이다. 우유를 마시고 말을 하면 목소리가 탁하게 된다. 음식을 먹고 즉시 말을 많이 하면 도중에 트림이 나므로 그것도 바람직하지 않다. 이런 것들은 당신이 말을 할 때 집중하지 못하게 할 것이다.


● 강단에 서기 전에 얼마간 조용한 시간을 가져라. 주변 사람들과 많은 말을 나누지 마라. 그들은 당신에게 용기를 주겠지만 별 도움이 되지 않는다. 사전에 너무 말을 많이 하면 에너지를 빼앗기지만 강단에 서기 1~2분 전에 마음의 준비를 하면 강연을 성공할 확률이 높아진다.


● 너무 긴장이 되면 긴 복식 호흡을 하라. 그러면 즉시 마음이 편안해질 것이다. 강연 전 대기실에서 너무 긴장이 되면 빠른 걸음으로 오갈 수 있는데 그럴 때는 속도를 의식하고 좀 천천히 여유 있게 걸어보라. 마음의 여유가 생길 것이다. 몸과 마음은 함께 가기 때문에 몸으로도 마음을 조절해야 한다.

● 당신이 서게 될 공간을 한 번 둘러보는 것이 좋다. 특히 당신이 서서 말을 하게 될 그 자리에 서서 공간을 둘러보라. 그리고 사람들이 앉아서 당신의 말을 듣고 있다고 상상해보라. 상상도 간접적인 경험이 된다. 당신은 눈에 익숙한 공간에서 편안하게 말을 할 수 있게 될 것이다.

### ③ 대중과 관계를 형성하라

성공적인 강연은 대중과의 관계 형성에 달려 있다. 내가 좋아하고 관심 있는 사람의 말을 즐겨 듣는 것이 사람이기 때문이다. 대중을 향해 갖가지 방법으로 관계 소통을 할 수 있다. 고개를 끄덕일 수도 있고, 손을 흔들어 보일 수도 있고, 시선을 접촉할 수도 있다.

대중과의 소통에서 가장 중요한 것은 시선 접촉이다. 눈을 통해 마음과 마음이 전달되기 때문이다. 그저 한 무리의 대중을 향해 말하지 않고, 한 사람, 한 사람에게 말하는 느낌이 들도록 때때로 시선을 접촉하면서 환한 미소를 지으며 말해보라. 많은 사람이 있어 한 사람씩 시선을 접촉하지 못할 경우 한 쪽만 바라보지 말고, 공간을 두루 둘러보면서 시선 접촉을 하는 것이 좋다. 때에 따라 특정한 사람을 향해서 시선을 접촉하고 환하게 미소를 띠면 대중은 말하는 사람과 간접적으로 접촉한다는 느낌을 갖게 된다.

연설대 뒤에서 말을 하면 물리적인 벽이 대중과의 의사소통을 막는 벽이 되기도 한다. 그래서 요즘은 아예 연설대라는 물리적인 벽을 없애고 강연하는 경우도 많다. 연설대 뒤에 그대로 서서 장시간 말을 하면 말하는 사람의 생각이 경직될 가능성이 있다. 몸을 좀 움직이면서 말하면 생각이 더 유연해질 수 있으므로 때로는 자리를 옮기면서 말하는 것도 좋다.

As you might imagine, for Barack, running for president is nothing compared to that first game of basketball with my brother, Craig. I can't tell you how much it means to have Craig and my mom here tonight. Like Craig, I can feel my dad looking down on us, just as I've felt his presence in every grace-filled moment of my life.

At six-foot-six, I've often felt like Craig was looking down on me too, literally. But the truth is, both when we were kids and today, he wasn't looking down on me. He was watching over me. And he's been there for me every step of the way since that clear February day, 19 months ago when, with little more than our faith in each other and a hunger for change, we joined my husband, Barack Obama, on the improbable journey that's brought us to this moment. But each of us also comes here tonight by way of our own improbable journey.

여러분도 상상하시다시피 버락이 대통령에 출마한 것은 저의 오빠인 크레이그와 벌였던 첫 농구 시합과는 비교할 수 없습니다. 오늘 밤 여기 이 자리에 크레이그와 저의 어머니를 모셨다는 사실이 저로서는 얼마나 뜻깊은 일인지 말로 다 표현할 수 없습니다. 크레이그와 마찬가지로 저 역시 아버지가 우리를 내려다보고 계시는 것을 느낄 수 있습니다. 제 삶에서 은혜로 충만했던 매 순간 저는 아버지께서 함께하심을 느꼈습니다.

저는 키가 6피트 6인치(196cm)인 오빠 또한 저를 자주 내려다본다고 느꼈습니다. 그러나 사실은 어렸을 때나 지금이나 오빠는 저를 내려다보지 않았습니다. 오빠는 저를 보살펴왔습니다. 19개월 전이던 화창한 2월 어느 날, 신뢰와 변화에 대한 갈망만을 가지고 우리가 남편 버락 오바마에게 합류한 후부터 지금 이 순간까지 우리를 이끌고 온 믿어지지 않는 여정에서 오빠는 매 순간 저를 위해 있어주었습니다. 그러나 결국 우리는 각자 믿기지 않는 여정을 걸어 오늘 밤 이 자리에 이르렀습니다.

I come here tonight as a sister blessed with a brother who is my mentor, my protector and my lifelong friend. I come here as a wife who loves my husband and believes he will be an extraordinary president. I come here as a mom whose girls are the heart of my heart and the center of my world. They're the first thing I think about when I wake up in the morning and the last thing I think about when I go to bed at night. Their future and all our children's future is my stake in this election.

And I come here as a daughter raised on the south side of Chicago by a father who was a blue-collar city worker and a mother who stayed at home with my brother and me. My mother's love has always been a sustaining force for our family and one of my greatest joys is seeing her integrity, her compassion and her intelligence reflected in my own daughters.

저는 저의 멘터이면서 보호자요 제 평생 친구인 오빠의 축복을 받은 누이동생으로서 오늘밤 이 자리에 와 있습니다. 저는 남편을 사랑하고 남편이 꼭 탁월한 대통령이 되리라고 믿는 아내로서 이 자리에 와 있습니다. 저는 딸들을 가장 소중하게 생각하고, 딸들이 바로 제가 사는 세상의 중심이라고 생각하는 한 어머니로서 이 자리에 와 있습니다. 딸들은 제가 아침에 일어났을 때 가장 먼저 생각하고, 밤에 잠자리에 들 때 가장 마지막으로 생각하는 사람들입니다. 제 딸들의 미래와 우리 모두의 아이들의 미래가 이 선거에서 제가 관심을 가지고 있는 문제입니다.

또한 저는 블루칼라의 시청 노동자였던 아버지와 가정에 머물러 있던 어머니의 보호 아래 시카고 남부 지역에서 오빠와 자란 한 명의 딸로서 이 자리에 와 있습니다. 어머니의 사랑은 늘 우리 가족을 지탱시켜주는 힘이었습니다. 저의 가장 큰 기쁨은 제 어머니의 성실함과 동정심과 지성이 저를 통해 제 딸들에게 물려진 것을 보는 것입니다.

My dad was our rock. Although he was diagnosed with multiple sclerosis in his early thirties, he was our provider, our champion, our hero. As he got sicker, it got harder for him to walk. It took him longer to get dressed in the morning. But if he was in pain, he never let on. He never stopped smiling and laughing, even while struggling to button his shirt, even while using two canes to get himself across the room to give my mom a kiss. He just woke up a little earlier and worked a little harder.

He and my mom poured everything they had into me and Craig. It was the greatest gift a child can receive: never doubting for a single minute that you're loved and cherished and have a place in this world. And thanks to their faith and hard work, we both were able to go on to college.

아버지는 우리의 바위와도 같은 분이셨습니다. 아버지는 30대 초반에 다발성경화증을 진단받으셨으나 우리의 부양자셨고 챔피언이셨으며 영웅이셨습니다. 그러나 아버지는 병세가 더욱 악화되면서 걷는 것이 힘들어지셨습니다. 아침에 옷을 입는 시간도 길어졌습니다. 그러나 아버지는 통증으로 아프실 때에도 절대로 내색하지 않으셨습니다. 미소를 짓고 웃는 것을 멈추지 않으셨습니다. 셔츠 단추를 애써 채우실 때도, 어머니에게 키스를 하시기 위해서 두 지팡이에 의지하여 방을 가로질러 오실 때도 그러하셨습니다. 아버지는 조금 더 일찍 일어나셨고, 조금 더 열심히 일하셨습니다.

아버지와 어머니는 그들이 가지고 계신 모든 것을 저와 크레이그에게 쏟아부어 주셨습니다. 사랑받고, 귀하게 여김을 받으며, 이 세상에서 한 자리를 차지하고 있다는 것을 단 한 순간도 의심하지 않은 것은 어린아이가 받을 수 있는 최상의 선물이었습니다. 부모님의 믿음과 노력 덕분에 오빠와 저는 대학에 갈 수 있었습니다.

So I know firsthand from their lives and mine that the American dream endures. And you know, what struck me when I first met Barack was that even though he had this funny name, even though he'd grown up all the way across the continent in Hawaii, his family was so much like mine. He was raised by grandparents who were working class folks just like my parents and by a single mother who struggled to pay the bills, just like we did. Like my family, they scrimped and saved so that he could have opportunities they never had themselves.

And Barack and I were raised with so many of the same values: that you work hard for what you want in life; that your word is your bond and you do what you say you're going to do; that you treat people with dignity and respect, even if you don't know them and even if you don't agree with them. And Barack and I set out to build lives guided by these values and pass them on to the next generation, because we want our children and all children in this nation to know that the only limit to the height of your achievements is the reach of your dreams and your willingness to work for them.

　그러하기에 저는 부모님의 삶과 제 삶으로부터 미국의 꿈이 계속되고 있음을 알고 있습니다. 여러분도 아시다시피 저는 버락을 처음 만났을 때 버락의 이름이 이상했습니다. 그가 대륙 저너머 먼 곳에 있는 하와이에서 성장했지만 버락의 가족이 저희 가족과 비슷한 점이 많다는 것이 인상 깊었습니다. 버락은 저희 부모님처럼 노동자 계층이었던 외조부모님 아래서 자랐으며, 저희 집과 마찬가지로 청구서 지불을 하려고 애쓰는 홀어머니 밑에서 성장했습니다. 저희 가족과 마찬가지로 버락의 외조부모님과 어머니는 그들이 한 번도 가져보지 못했던 기회를 버락에게 줄 수 있도록 검소하게 사셨습니다.

　버락과 저는 같은 가치관을 참 많이 가지고 자랐습니다. 즉 '네가 원하는 것을 열심히 일을 해서 얻도록 해라, 네가 한 말은 꼭 책임을 져라, 네가 하겠다고 말한 것을 실천해라, 모르는 사람이나 너와 뜻이 다른 사람에게도 품위 있고 존중하는 마음으로 대해라'는 것 등입니다. 버락과 저는 이런 가치관에 따라 삶을 살아왔고 그 가치관들을 다음 세대에 물려주려고 합니다. 왜냐하면 자신이 성취할 수 있는 한계는 자신의 꿈의 높이까지이며, 그 꿈을 이루기 위해 노력하는 의지에 달려 있다는 것을 저희들은 우리 자녀와 이 나라의 모든 자녀가 알기를 원했기 때문입니다.

And as our friendship grew and I learned more about Barack, he introduced me to the work he'd done when he first moved to Chicago after college. Instead of heading to Wall Street, Barack had gone to work in neighborhoods devastated when steel plants shut down and jobs dried up. And he'd been invited back to speak to people from those neighborhoods about how to rebuild their community.

The people gathered together that day were ordinary folks, doing the best they could to build a good life. They were parents living paycheck to paycheck, grandparents trying to get by on a fixed income, men frustrated that they couldn't support their families after their jobs disappeared. Those folks weren't asking for a handout or a shortcut. They were ready to work. They wanted to contribute. They believed, like you and I believe, that America should be a place where you can make it if you try. Barack stood up that day and spoke words that have stayed with me ever since. He talked about the world as it is and the world as it should be. And he said that all too often we accept the distance between the two and settle for the world as it is, even when it doesn't reflect our values and aspirations.

우리의 우정이 자라서 돈독해지고 제가 버락에 대해 더 많은 것을 알게 되었을 때 버락은 자신이 대학을 졸업하고 시카고로 가서 처음 한 일을 알려주었습니다. 버락은 월가로 향하는 대신에 강철 공장이 문을 닫게 되고 일자리가 없어져서 좌절에 빠져 있는 주민들이 사는 곳으로 일하러 갔습니다. 버락은 지역 사회를 어떻게 하면 재건할 수 있는지에 관해 말해달라는 사람들에게 초대를 받았습니다.

그날 모인 사람들은 평범했지만 훌륭한 삶을 살기 위해 최선을 다하는 이들이었습니다. 그들은 급료로 근근히 살아가는 사람들, 고정된 수입으로 살아가는 할머니와 할아버지들, 일자리를 잃고 가족을 부양할 수 없어서 좌절에 빠진 사람들이었습니다. 이 서민들은 자선을 원하지도 않았고 손쉬운 방법을 요구하지도 않았습니다. 그들은 일할 준비가 되어 있었습니다. 공헌하고 싶어했습니다. 그들은 여러분과 제가 믿고 있듯이, 미국은 노력하면 무엇이든 이루어낼 수 있는 곳이 되어야 한다고 믿고 있었습니다.

그날 버락은 지금까지 제가 그의 곁에 머무르게 한 말을 일어나서 했습니다. 버락은 현재 세상과 되어야 할 세상에 대해서 말했습니다. 버락은 우리가 너무나 그 둘 사이의 간격을 자주 받아들이고는 우리의 가치관이나 갈망에 맞지 않는다 해도 현실에 안주해버린다고 말했습니다.

But he reminded us that we know what our world should look like. We know what fairness and justice and opportunity look like. And he urged us to believe in ourselves, to find the strength within ourselves to strive for the world as it should be. And isn't that the great American story?

It's the story of men and women gathered in churches and union halls and high school gyms - people who stood up and marched and risked everything they had - refusing to settle, determined to mold our future into the shape of our ideals.

It is because of their will and determination that this week we celebrate two anniversaries: the 88th anniversary of women winning the right to vote and the 45th anniversary of that hot summer day when Dr. King lifted our sights and our hearts with his dream for our nation.

그러나 그는 우리가 사는 세상이 어떠해야 하는지 우리가 알고 있음을 상기시켜주었습니다. 우리는 공정함과 정의와 기회가 무엇인지 알고 있습니다. 버락은 되어야 할 세상을 위해 우리 자신을 믿고 우리 안에서 그 힘을 찾으라고 강력히 촉구했습니다. 이것은 위대한 미국의 이야기가 아니겠습니까?

그것이 교회와 회관과 고등학교 체육관에 모여 있는 사람들, 즉 일어나서 행진하며 그 자리에 안주하는 것을 거부하고 우리의 미래를 이상적인 형태로 만들기로 결단하면서 자신이 가진 모든 것을 잃어버릴 수 있는 위험을 감수한 사람들의 이야기입니다.

그분들의 의지와 결단 덕분에 이번 주에 두 가지 기념일을 기념합니다. 여성 투표권 취득 제88주년 기념일 그리고 킹 목사가 우리나라를 위한 그의 꿈으로 우리의 눈과 마음을 고양시켰던 뜨거운 여름날의 제45주년 기념일(마틴 루터 킹 목사가 1963년 8월 28일 워싱턴 광장에서 '나에게는 꿈이 있습니다' 라는 명연설을 한 지 45년 되는 해를 말한다)입니다.

I stand here today at the crosscurrents of that history, knowing that my piece of the American dream is a blessing hard won by those who came before me. All of them, driven by the same conviction that drove my dad to get up an hour early each day to painstakingly dress himself for work. The same conviction that drives the men and women I've met all across this country: people who work the day shift, kiss their kids goodnight and head out for the night shift without disappointment, without regret. That goodnight kiss a reminder of everything they're working for.

The military families who say grace each night with an empty seat at the table, the servicemen and women who love this country so much, they leave those they love most to defend it. The young people across America serving our communities teaching children, cleaning up neighborhoods, caring for the least among us each and every day.

역사상 거대한 변화의 흐름에 순응하여 저는 오늘 이 자리에 섰습니다. 제가 누리는 미국의 꿈은 저보다 앞서 여러 사람들이 어렵게 성취한 것임을 잘 압니다. 그분들 모두는 제 아버지가 날마다 한 시간씩 일찍 일어나셔서 일하러 가시기 위해 힘들게 옷을 입으시던 것과 동일한 신념에 이끌렸습니다. 그 동일한 신념이 제가 이 나라 모든 곳에서 만난 사람들을 이끌고 있습니다.

주간 근무를 마치고 돌아와 자녀들에게 잘 자라는 키스를 해 주고 아무런 불평이나 불만도 없이 또 다시 야간 근무를 나가는 분들에게 잘 자라는 키스는 일하면서 힘을 얻는 유일한 희망의 원천이 아닙니까.

매일 밤 식탁의 빈자리(가족 중 누군가가 군대로 떠나 비게 된 자리)에서 은총을 기도하는 군인 가족이 있습니다. 이 나라를 아주 많이 사랑하는 군인들이 있습니다. 나라를 지키기 위해 가장 사랑하는 사람들을 남겨두고 떠나는 군인들과 여성들, 그리고 매일 아이들을 가르치고 지역을 청소하며 불우한 사람을 도우면서 지역 사회에 봉사하는 청년들이 미국 전역에 있습니다.

People like Hillary Clinton, who put those 18 million cracks in the glass ceiling, so that our daughters and sons can dream a little bigger and aim a little higher. People like Joe Biden, who's never forgotten where he came from and never stopped fighting for folks who work long hours and face long odds and need someone on their side again.

All of us driven by a simple belief that the world as it is just won't do. That we have an obligation to fight for the world as it should be. That is the thread that connects our hearts. That is the thread that runs through my journey and Barack's journey and so many other improbable journeys that have brought us here tonight, where the current of history meets this new tide of hope.

That is why I love this country. And in my own life, in my own small way, I've tried to give back to this country that has given me so much. That's why I left a job at a law firm for a career in public service, working to empower young people to volunteer in their communities.

유리 천장(여성 차별로 조직에서 어느 정도 직위 이상 상승하지 못하는 보이지 않는 벽을 말한다)에 1,800만 개의 균열이 생기게 하여 우리 딸들과 아들들이 조금 더 큰 꿈을 꾸고 조금 더 높은 목표를 둘 수 있도록 한 힐러리 클린턴과 같은 분이 있습니다. 그가 어디서 왔는지 잊어버리지 않고, 장시간 일하며 오랫동안 계속되는 어려움을 겪으면서 자신의 편이 필요한 사람들을 위해 투쟁을 멈추지 않은 존 바이든 같은 분이 있습니다.

우리 모두는 현재 세상이 유지되지 않을 것이라는 하나의 믿음에 이끌리고 있습니다. 그것은 되어야 할 세상을 위해 우리가 싸워야 한다는 의무감이기도 합니다. 그것은 우리의 가슴을 연결시켜주는 실입니다. 저의 여정과 버락의 여정, 오늘 이 밤 새로운 희망의 물결이 만나는 여기까지 우리를 이끌고 온 믿어지지 않는 많은 여정을 엮어주는 실입니다.

이것이 제가 이 나라를 사랑하는 이유입니다. 저는 제 삶 속에서 저만의 작은 방법으로, 저에게 많은 것을 준 이 나라에 무엇인가를 되돌려주려고 노력했습니다. 그것이 바로 제가 청년들로 하여금 지역 사회에 기여할 수 있도록 힘을 실어주는 공공서비스기관에서 일하기 위해 법률 회사를 떠난 이유입니다.

Because I believe that each of us - no matter what our age or background or walk of life - each of us has something to contribute to the life of this nation. It's a belief Barack shares, a belief at the heart of his life's work. It's what he did all those years ago on the streets of Chicago, setting up job training to get people back to work and after-school programs to keep kids safe, working block by block to help people lift up their families.

It's what he did in the Illinois Senate, moving people from welfare to jobs, passing tax cuts for hard-working families and making sure women get equal pay for equal work. It's what he's done in the United States Senate, fighting to ensure the men and women who serve this country are welcomed home not just with medals and parades, but with good jobs and benefits and health care, including mental health care.

That's why he's running: to end the war in Iraq responsibly, to build an economy that lifts every family, to make health care available for every American and to make sure every child in this nation gets a world-class education all the way from preschool to college.

저는 연령이나 배경이나 계층은 아무 문제가 되지 않고 우리 각자는 이 나라에서의 삶에 기여할 무엇인가가 있다고 믿기 때문입니다. 그것은 버락이 가지고 있는 믿음이기도 합니다. 그 믿음은 버락이 일생에 해야 할 과업 중 가장 중심이 되는 것입니다. 버락은 오래 전에 시카고 거리에서 이러한 모든 일을 했습니다. 사람들을 일자리로 되돌려 보내기 위해서 직업 훈련장을 만들고, 어린아이들을 안전하게 지키기 위해서 방과 후 프로그램을 만들고, 사람들이 가족을 부양하는 것을 도왔습니다.

버락은 일리노이주의 상원의원으로 있으면서 사람들로 하여금 생활 보호 상태에서 벗어나 직장으로 가게 하고, 열심히 일하는 가정을 위해 감세 법안을 통과시켰으며, 여성들도 동일한 일을 하면 동일한 임금을 받도록 했습니다.

버락은 연방 상원의원으로 있으면서 이 나라를 위해 봉사한 사람들이 환대받도록 투쟁했습니다. 훈장이나 퍼레이드뿐만 아니라 좋은 직장과 혜택, 정신적 건강 보험을 포함한 의료보험으로 말입니다.

버락이 대선에 출마한 이유는 이라크 전쟁을 책임지고 종결시키며, 모든 가족을 부양하는 경제를 건설하고, 모든 미국인들이 이용할 수 있는 의료보험을 만들고, 이 나라 모든 아이들이 유치원에서 대학교까지 세계적인 수준의 교육을 확실히 받을 수 있도록 하기 위해서입니다.

That's what Barack Obama will do as President of the United States of America. He'll achieve these goals the same way he always has - by bringing us together and reminding us how much we share and how alike we really are.

You see, Barack doesn't care where you're from, or what your background is, or what party, if any, you belong to. That's not how he sees the world.

He knows that thread that connects us - our belief in America's promise, our commitment to our children's future - is strong enough to hold us together as one nation even when we disagree.

It was strong enough to bring hope to those neighborhoods in Chicago. It was strong enough to bring hope to the mother he met worried about her child in Iraq; hope to the man who's unemployed, but can't afford gas to find a job; hope to the student working nights to pay for her sister's health care, sleeping just a few hours a day.

그것이 바로 버락 오바마가 미합중국의 대통령으로서 하고자 하는 일입니다. 버락은 항상 자신이 그래왔던 방법으로 이러한 목표들을 이루어낼 것입니다. 우리가 함께 참여하게 하고, 우리가 얼마나 많은 것을 공유하고 우리가 얼마나 많이 닮았다는 것을 상기시켜주면서 말입니다.

여러분도 아시듯이 버락은 여러분이 어디 출신이건, 무슨 배경을 가졌건, 어느 정당에 속해 있건 전혀 상관하지 않습니다. 그것은 버락이 세상을 바라보는 방식이 아닙니다. 그는 우리를 연결하는 실, 즉 미국의 약속에 대한 우리의 신뢰, 우리 아이들의 미래에 대한 헌신이 우리가 뜻을 달리 할 때도 한 나라 안에서 우리를 하나로 묶어주기에 충분할 정도로 강하다는 것을 알고 있습니다.

그것은 시카고 지역 사회에 희망을 가져다줄 정도로 충분히 강했습니다. 버락이 만났던, 이라크에 있는 자녀를 걱정하는 어머니에게 희망을 주고, 직업을 찾아다니는 데 들어갈 휘발유도 감당해낼 수 없는 실직자에게 희망을 주고, 여동생의 의료보험비를 지불하기 위해 단 몇 시간밖에 자지 못하고 일하는 학생들에게 희망을 주기에 충분할 정도로 강했습니다.

And it was strong enough to bring hope to people who came out on a cold Iowa night and became the first voices in this chorus for change that's been echoed by millions of Americans from every corner of this nation. Millions of Americans who know that Barack understands their dreams, that Barack will fight for people like them and that Barack will finally bring the change we need.

And in the end, after all that's happened these past 19 months, the Barack Obama I know today is the same man I fell in love with 19 years ago. He's the same man who drove me and our new baby daughter home from the hospital 10 years ago this summer, inching along at a snail's pace, peering anxiously at us in the rearview mirror, feeling the whole weight of her future in his hands, determined to give her everything he'd struggled so hard for himself, determined to give her what he never had: the affirming embrace of a father's love.

그것은 아이오와주의 추운날 밤에 바깥으로 나온 사람들에게 희망을 주고, 이 나라 방방곡곡에 사는 수백만 명의 미국인들에게 울려퍼진 변화를 외치는 합창의 첫 목소리가 되기에 충분할 정도로로 강했습니다. 수백만 명의 미국인은 버락이 그들의 꿈을 이해하고 있다는 것과 그들과 같은 사람들을 위해 싸우리라는 것과 종국에는 우리에게 필요한 변화를 가져다주리라는 것을 알았습니다.

19개월이 지나간 지금, 제가 오늘 알고 있는 버락 오바마는 제가 19년 전에 사랑에 빠졌던 사람과 똑같은 사람입니다. 버락은 10년 전 지금과 같은 여름, 저와 신생아였던 우리 딸을 병원에서 집으로 운전하여 데리고 왔을 때와 같은 사람입니다. 버락은 달팽이처럼 천천히 차를 몰면서 백미러로 저와 아기를 걱정스럽게 응시했고, 아기의 미래가 그의 손에 달려 있다는 무게감을 느끼며, 자신을 위해 열심히 노력해왔던 모든 것과 자신이 가져보지 못한 것을 것을 아기에게 주리라고 결심했습니다. 그것은 아버지의 확고한 사랑이었습니다.

And as I tuck that little girl and her little sister into bed at night, I think about how one day, they'll have families of their own. And one day, they - and your sons and daughters - will tell their own children about what we did together in this election. They'll tell them how this time we listened to our hopes, instead of our fears. How this time, we decided to stop doubting and to start dreaming.

How this time, in this great country, where a girl from the south side of Chicago can go to college and law school, and the son of a single mother from Hawaii can go all the way to the White House that we committed ourselves to building the world as it should be.

So tonight, in honor of my father's memory and my daughters' future, out of gratitude to those whose triumphs we mark this week and those whose everyday sacrifices have brought us to this moment, let us devote ourselves to finishing their work. Let us work together to fulfill their hopes and let us stand together to elect Barack Obama President of the United States of America.

Thank you, God bless you, and God bless America.

저는 밤에 어린 두 딸을 침대로 데려가면서 그들에게 가족이 생길 날에 대해 생각해보곤 합니다. 언젠가 여러분의 아들들과 딸들은 그들의 자녀에게 우리가 이 선거에서 함께 한 것이 무엇인지 말할 것입니다. 이 시간 우리가 어떻게 두려움 대신 희망에 관해 들었는지 말할 것입니다. 이 시간 우리가 어떻게 의심을 멈추고 꿈꾸기 시작했는지를 말할 것입니다.

이 시간, 시카고 남부 출신의 한 소녀가 대학교에 갈 수 있었고 로스쿨에 갈 수 있었으며 하와이의 홀어머니 밑에서 자란 아들이 백악관으로 갈 수 있는 이 위대한 나라에서, 우리가 되어야 할 세상을 만들기 위해 어떻게 전념했는지 말할 것입니다.

그러므로 오늘 밤, 제 아버지의 기억과 딸들의 미래를 위하여 이 주간에 우리가 기념하는 성공을 이루어낸 분들과 매일 희생으로 우리를 지금 이 순간까지 오게 해주신 분들에게 감사드리며, 그분들의 과업을 끝마치기 위해 헌신하도록 합시다. 우리 함께 그분들의 소망을 이루도록 하고, 우리 함께 버락 오바마를 미합중국의 대통령으로 선출하기 위해 일어서도록 합시다.

감사합니다. 하나님께서 여러분을 축복하시고 미국을 축복하시길 원합니다.

미국 제44대 대통령 선거는 미셸이 없는 오바마를 생각할 수 없는 분위기였다. 나 역시 대선 열기가 뜨거워져 가고 있던 즈음 오바마에 대한 책 『오바마처럼 꿈에 미쳐라』를 쓰면서 미셸을 유심히 살펴보았다. 그녀에 대해 알아갈수록 잔잔한 감동이 더해 갔고, 미셸이라는 한 인간 속에서 분출되는 큰 힘을 느꼈다. 미셸이 오바마의 대통령 당선 수락 연설장에 모습을 나타냈을 때 미셸에 대한 나의 감동은 절정에 달했다.

오바마와 미셸은 두 딸 말리아와 사샤를 데리고 연설 단상에 나와 환호성을 그치지 않는 사람들을 향해 인사했다. 오바마가 연설할 시간이 되자 미셸은 오바마의 포옹을 받고 나서 두 딸과 함께 뒤돌아서서 무대에서 사라졌다. 나는 그 장면을 보면서 언젠가 오바마가 미셸의 포옹을 받고 딸들과 함께 뒤돌아서서 무대 뒤로 사라지고 미셸은 대통령 수락 연설을 할 수도 있지 않을까 하는 생각이 겹쳐졌다.

그 후 미셸은 나의 뇌리에서 떠나지 않았고, 그녀에 대해 더 알고 싶은 생각이 들었다. 그러던 어느 날 출판사로부터 미셸에 대한 저술 의뢰를 받았다. 나는 그날부터 새벽에 일어나 기도하기

시작했다. 미셸과 나는 지구 반대쪽에 있다. 서로 대화를 나눈 적도 없고, 미셸에 대한 많은 정보도 없다. 그녀에 대해 내가 알고 있는 것이라면 인터넷과 책과 뉴스를 통해 접하는 것이고, 그것은 미셸에 대한 빙산의 일각일 따름이다.

나는 미셸에 대한 책을 쓰기 위해 수면 아래에 있는 그 빙산의 부분을 알아야 했다. 나는 기도하기 시작했다. '주님, 미셸을 미국의 영부인으로 그 자리에 세우신 뜻이 있을 것입니다. 저로 하여금 그것을 알게 해주세요.'

성탄일을 기다리는 대강절이 시작되었다. 대강절 첫 주에 가장 낮은 자를 택해서 가장 높은 곳에 세우시는 주님에 대해 설교를 들었다. 미셸은 조상 대대로 뼛속 깊숙이 노예의 자손이라고 생각하는 가장 낮은 곳에 있는 사람이었다. 그러나 지금 여성으로서는 최고의 자리라고 할 수 있는 미국 영부인이 되었다.

미셸을 보면서 나는 더 큰 소망을 가지게 되었다. 아무리 우리가 낮은 가운데 있고, 없는 가운데 있으며, 작은 가운데 있다 해도 우리에게도 소망이 있다. 미셸이 자신의 삶에서 그 모든 것을 딛고 일어나 꿈을 이룬 것처럼 우리도 소망을 이룰 수 있다.

# 가림출판사 · 가림M&B · 가림Let's에서 나온 책들

## 문 학

**바늘구멍**
켄 폴리트 지음 / 홍영의 옮김 / 신국판 / 342쪽 / 5,300원

**레베카의 열쇠**
켄 폴리트 지음 / 손연숙 옮김 / 신국판 / 492쪽 / 6,800원

**암병선**
니시무라 쥬코 지음 / 홍영의 옮김 / 신국판 / 300쪽 / 4,800원

**첫키스한 얘기 말해도 될까**
김정미 외 7명 지음 / 신국판 / 228쪽 / 4,000원

**사미인곡 上 · 中 · 下** 김충호 지음 / 신국판 / 각 권 5,000원

**이내의 끝자리** 박수완 스님 지음 / 국판변형 / 132쪽 / 3,000원

**너는 왜 나에게 다가서야 했는지**
김충호 지음 / 국판변형 / 124쪽 / 3,000원

**세계의 명언** 편집부 엮음 / 신국판 / 322쪽 / 5,000원

**여자가 알아야 할 101가지 지혜**
제인 아서 엮음 / 지창국 옮김 / 4×6판 / 132쪽 / 5,000원

**현명한 사람이 읽는 지혜로운 이야기**
이정민 엮음 / 신국판 / 236쪽 / 6,500원

**성공적인 표정이 당신을 바꾼다**
마츠오 도오루 지음 / 홍영의 옮김 / 신국판 / 240쪽 / 7,500원

**태양의 법**
오오카와 류우호오 지음 / 민병수 옮김 / 신국판 / 246쪽 / 8,500원

**영원의 법**
오오카와 류우호오 지음 / 민병수 옮김 / 신국판 / 240쪽 / 8,000원

**석가의 본심**
오오카와 류우호오 지음 / 민병수 옮김 / 신국판 / 246쪽 / 10,000원

**옛 사람들의 재치와 웃음**
강형중 · 김경익 편저 / 신국판 / 316쪽 / 8,000원

**지혜의 쉼터**
쇼펜하우어 지음 / 김충호 엮음 / 4×6판 양장본 / 160쪽 / 4,300원

**헤세가 너에게**
헤르만 헤세 지음 / 홍영의 엮음 / 4×6판 양장본 / 144쪽 / 4,500원

**사랑보다 소중한 삶의 의미**
크리슈나무르티 지음 / 최윤영 엮음 / 신국판 / 180쪽 / 4,000원

**장자-어찌하여 알 속에 털이 있다 하는가**
홍영의 엮음 / 4×6판 / 180쪽 / 4,000원

**논어-배우고 때로 익히면 즐겁지 아니한가**
신도희 엮음 / 4×6판 / 180쪽 / 4,000원

**맹자-가까이 있는데 어찌 먼 데서 구하려 하는가**
홍영의 엮음 / 4×6판 / 180쪽 / 4,000원

아름다운 세상을 만드는 **사랑의 메시지 365**
DuMont monte Verlag 엮음 / 정성호 옮김
4×6판 변형 양장본 / 240쪽 / 8,000원

**황금의 법**
오오카와 류우호오 지음 / 민병수 옮김 / 신국판 / 320쪽 / 12,000원

**왜 여자는 바람을 피우는가?**
기젤라 룬테 지음 / 김현성 · 진정미 옮김 / 국판 / 200쪽 / 7,000원

**세상에서 가장 아름다운 선물**
김인자 지음 / 국판변형 / 292쪽 / 9,000원

수능에 꼭 나오는 **한국 단편 33**
윤종필 엮음 / 신국판 / 704쪽 / 11,000원

수능에 꼭 나오는 **한국 현대 단편 소설**
윤종필 엮음 및 해설 / 신국판 / 364쪽 / 11,000원

수능에 꼭 나오는 **세계단편(영미권)**
지창영 옮김 / 윤종필 엮음 및 해설 / 신국판 / 328쪽 / 10,000원

수능에 꼭 나오는 **세계단편(유럽권)**
지창영 옮김 / 윤종필 엮음 및 해설 / 신국판 / 360쪽 / 11,000원

**대왕세종 1 · 2 · 3** 박충훈 지음 / 신국판 / 각 권 9,800원

**세상에서 가장 소중한 아버지의 선물**

최은경 지음 / 신국판 / 144쪽 / 9,500원

## 건 강

**아름다운 피부미용법**
이순희(한독피부미용학원 원장) 지음 / 신국판 / 296쪽 / 6,000원

**버섯건강요법** 김병각 외 6명 지음 / 신국판 / 286쪽 / 8,000원

**성인병과 암을 정복하는 유기게르마늄**
이상현 편저 / 캬오 샤오이 감수 / 신국판 / 312쪽 / 9,000원

**난치성 피부병** 생약효소연구원 지음 / 신국판 / 232쪽 / 7,500원

新 **방약합편** 정도명 편역 / 신국판 / 416쪽 / 15,000원

**자연치료의학** 오홍근(신경정신과 의학박사 · 자연의학박사) 지음
신국판 / 472쪽 / 15,000원

**약초의 활용과 가정한방** 이인성 지음 / 신국판 / 384쪽 / 8,500원

**역전의학**
이시하라 유미 지음 / 유태종 감수 / 신국판 / 286쪽 / 8,500원

이순희식 **순수피부미용법**
이순희(한독피부미용학원 원장) 지음 / 신국판 / 304쪽 / 7,000원

21세기 **당뇨병 예방과 치료법**
이현철(연세대 의대 내과 교수) 지음 / 신국판 / 360쪽 / 9,500원

신재용의 **민의학 동의보감**
신재용(해성한의원 원장) 지음 / 신국판 / 476쪽 / 10,000원

**치매 알면 치매 이긴다**
배오성(백상한방병원 원장) 지음 / 신국판 / 312쪽 / 10,000원

21세기 건강혁명 **밥상 위의 보약 생식**
최경순 지음 / 신국판 / 348쪽 / 9,800원

**기치유와 기공수련**
윤한홍(기치유 연구회 회장) 지음 / 신국판 / 340쪽 / 12,000원

만병의 근원 **스트레스** 원인과 퇴치
김지혁(김지혁한의원 원장) 지음 / 신국판 / 324쪽 / 9,500원

김종성 박사의 **뇌졸중 119** 김종성 지음 / 신국판 / 356쪽 / 12,000원

**탈모 예방과 모발 클리닉**
장정훈 · 전재홍 지음 / 신국판 / 252쪽 / 8,000원

구태규의 **100% 성공 다이어트**
구태규 지음 / 4×6배판 변형 / 240쪽 / 9,900원

**암 예방과 치료법** 이춘기 지음 / 신국판 / 296쪽 / 11,000원

알기 쉬운 **위장병 예방과 치료법**
민영일 지음 / 신국판 / 328쪽 / 9,900원

**이온 체내혁명**
노보루 야마노이 지음 / 김병관 옮김 / 신국판 / 272쪽 / 9,500원

어혈과 **사혈요법** 정지천 지음 / 신국판 / 308쪽 / 12,000원

**약손 경락마사지로 건강미인 만들기**
고정환 지음 / 4×6배판 변형 / 284쪽 / 15,000원

정유정의 LOVE DIET
정유정 지음 / 4×6배판 변형 / 196쪽 / 10,500원

머리에서 발끝까지 예뻐지는 **부분다이어트**
신상만 · 김선민 지음 / 4×6배판 변형 / 196쪽 / 11,000원

알기 쉬운 **심장병 119** 박승정 지음 / 신국판 / 248쪽 / 9,000원

알기 쉬운 **고혈압 119** 이정균 지음 / 신국판 / 304쪽 / 10,000원

여성을 위한 **부인과질환의 예방과 치료**
차선희 지음 / 신국판 / 304쪽 / 10,000원

알기 쉬운 **아토피 119**
이승규 · 임승엽 · 김문호 · 안유일 지음 / 신국판 / 232쪽 / 9,500원

**120세에 도전한다**
이권행 지음 / 신국판 / 308쪽 / 11,000원

**건강과 아름다움을 만드는 요가**
정판식 지음 / 4×6배판 변형 / 224쪽 / 14,000원

우리 아이 건강하고 아름다운 **롱다리 만들기**
김성훈 지음 / 대국전판 / 236쪽 / 10,500원

알기 쉬운 **허리디스크 예방과 치료**

이종서 지음 / 대국전판 / 336쪽 / 12,000원

**소아과 전문의에게 듣는 알기 쉬운 소아과 119**
신영규 · 이강우 · 최성항 지음 / 4×6배판 변형 / 280쪽 / 14,000원

**피가 맑아야 건강하게 오래 살 수 있다**
김영찬 지음 / 신국판 / 256쪽 / 10,000원

웰빙형 피부 미인을 만드는 **나만의 셀프 피부건강**
양해원 지음 / 대국전판 / 144쪽 / 10,000원

내 몸을 살리는 생활 속의 웰빙 항암 식품
이승남 지음 / 대국전판 / 248쪽 / 9,800원

**마음한글, 느낌한글** 박완식 지음 / 4×6배판 / 300쪽 / 15,000원

웰빙 동의보감식 **발마사지 10분**
최미희 지음 / 신재용 감수 / 4×6배판 변형 / 204쪽 / 13,000원

아름다운 몸, 건강한 몸을 위한 **목욕 건강 30분**
임하성 지음 / 대국전판 / 176쪽 / 9,500원

내가 만드는 **한방생주스 60** 김영섭 지음 / 국판 / 112쪽 / 7,000원

**몸을 살리는 건강식품**
백은희 · 조창호 · 최양진 지음 / 신국판 / 384쪽 / 11,000원

**건강도 키우고 성적도 올리는 자녀 건강**
김진돈 지음 / 신국판 / 304쪽 / 12,000원

알기 쉬운 **간질환 119** 이관식 지음 / 신국판 / 272쪽 / 11,000원

**밥으로 병을 고친다** 허봉수 지음 / 대국전판 / 352쪽 / 13,500원

알기 쉬운 **신장병 119** 김형규 지음 / 신국판 / 240쪽 / 10,000원

마음의 감기 치료법 **우울증 119**
이민수 지음 / 대국전판 / 232쪽 / 9,800원

**관절염 119** 송영욱 지음 / 대국전판 / 224쪽 / 9,800원

내 딸을 위한 **미성년 클리닉**
강병문 · 이향아 · 최정원 지음 / 국판 / 148쪽 / 8,000원

암을 다스리는 **기적의 치유법** 케이 세이헤이 감수 / 카와키 나리카즈
지음 / 민병수 옮김 / 신국판 / 256쪽 / 9,000원

**스트레스 다스리기** 대한불안장애학회 스트레스관리연구특별위원회
지음 / 신국판 / 304쪽 / 12,000원

**천연 식초 건강법** 건강식품연구회 엮음 / 신재용(해성한의원 원장) 감수
신국판 / 252쪽 / 9,000원

**암에 대한 모든 것**
서울아산병원 암센터 지음 / 신국판 / 360쪽 / 13,000원

알록달록 **컬러 다이어트** 이승남 지음 / 국판 / 248쪽 / 10,000원

**당신도 부모가 될 수 있다** 정병준 지음 / 신국판 / 268쪽 / 9,500원

키 10cm 더 크는 **키네스 성장법** 김양수 · 이종균 · 최형규 · 표재환 · 김문희 지음
대국전판 / 312쪽 / 12,000원

**당뇨병 백과**
이현철 · 송영득 · 안철우 지음 / 4×6배판 변형 / 396쪽 / 16,000원

**호흡기 클리닉 119** 박성학 지음 / 신국판 / 256쪽 / 10,000원

**키 쑥쑥 크는 롱다리 만들기**
롱다리 성장클리닉 원장단 지음 / 4×6배판 변형 / 256쪽 / 11,000원

**내 몸을 살리는 건강식품**
백은희 · 조창호 · 최양진 지음 / 신국판 / 368쪽 / 11,000원

**내 몸에 맞는 운동과 건강**
하철수 지음 / 신국판 / 264쪽 / 11,000원

알기 쉬운 **척추 질환 119**
김수연 지음 / 신국판 변형 / 240쪽 / 11,000원

베스트 닥터 박승정 교수팀의 **심장병 예방과 치료**
박승정 외 5인 지음 / 신국판 / 264쪽 / 10,500원

## 교 육

**우리 교육의 창조적 백색혁명**
원상기 지음 / 신국판 / 206쪽 / 6,000원

**현대생활과 체육**
조창남 외 5명 공저 / 신국판 / 340쪽 / 10,000원

**퍼펙트 MBA** IAE유학네트 지음 / 신국판 / 400쪽 / 12,000원

**유학길라잡이 I -미국편**
IAE유학네트 지음 / 4×6배판 / 372쪽 / 13,900원

**유학길라잡이 II - 4개국편**

IAE유학네트 지음 / 4×6배판 / 348쪽 / 13,900원

**조기유학길라잡이.com**
IAE유학네트 지음 / 4×6배판 / 428쪽 / 15,000원

**현대인의 건강생활**
박상호 외 5명 공저 / 4×6배판 / 268쪽 / 15,000원

**천재아이로 키우는 두뇌훈련**
나카마츠 요시로 지음 / 민병수 옮김 / 국판 / 288쪽 / 9,500원

**두뇌혁명**
나카마츠 요시로 지음 / 민병수 옮김 / 4×6판 양장본 / 288쪽 / 12,000원

**테마별 고사성어로 익히는 한자**
김경익 지음 / 4×6배판 변형 / 248쪽 / 9,800원

**生생 공부비법** 이은승 지음 / 대국전판 / 272쪽 / 9,500원

자녀를 성공시키는 **습관만들기**
배은경 지음 / 대국전판 / 232쪽 / 9,500원

**한자능력검정시험 1급**
한자능력검정시험연구위원회 편저 / 4×6배판 / 568쪽 / 21,000원

**한자능력검정시험 2급**
한자능력검정시험연구위원회 편저 / 4×6배판 / 472쪽 / 18,000원

**한자능력검정시험 3급(3급II)**
한자능력검정시험연구위원회 편저 / 4×6배판 / 440쪽 / 17,000원

**한자능력검정시험 4급(4급II)**
한자능력검정시험연구위원회 편저 / 4×6배판 / 352쪽 / 15,000원

**한자능력검정시험 5급**
한자능력검정시험연구위원회 편저 / 4×6배판 / 264쪽 / 11,000원

**한자능력검정시험 6급**
한자능력검정시험연구위원회 편저 / 4×6배판 / 168쪽 / 8,500원

**한자능력검정시험 7급**
한자능력검정시험연구위원회 편저 / 4×6배판 / 152쪽 / 7,000원

**한자능력검정시험 8급**
한자능력검정시험연구위원회 편저 / 4×6배판 / 112쪽 / 6,000원

**볼링의 이론과 실기** 이태상 지음 / 신국판 / 192쪽 / 9,000원

**고사성어로 끝내는 천자문**
조준상 글 · 그림 / 4×6배판 / 216쪽 / 12,000원

**내 아이 스타 만들기** 김민성 지음 / 신국판 / 200쪽 / 9,000원

교육 1번지 강남 엄마들의 **수험생 자녀 관리**
황송주 지음 / 신국판 / 288쪽 / 9,500원

초등학생이 꼭 알아야 할 **위대한 역사 상식**
우진영 · 이양경 지음 / 4×6배판 변형 / 228쪽 / 9,500원

초등학생이 꼭 알아야 할 **행복한 경제 상식**
우진영 · 전선심 지음 / 4×6배판 변형 / 224쪽 / 9,500원

초등학생이 꼭 알아야 할 **재미있는 과학상식**
우진영 · 정경희 지음 / 4×6배판 변형 / 220쪽 / 9,500원

**한자능력검정시험 3급 · 3급II**
한자능력검정시험연구위원회 편저 / 4×6판 / 380쪽 / 7,500원

교과서 속에 꼭꼭 숨어있는 **이색박물관 체험** 이신화 지음
대국전판 / 248쪽 / 12,000원

**초등학생 독서 논술(저학년)** 책마루 독서교육연구회 지음
4×6배판 변형 / 244쪽 / 14,000원

**초등학생 독서 논술(고학년)** 책마루 독서교육연구회 지음
4×6배판 변형 / 236쪽 / 14,000원

**놀면서 배우는 경제** 김솔 지음 / 대국전판 / 196쪽 / 10,000원

**건강생활과 레저스포츠 즐기기**
강선희 외 11명 공저 / 4×6배판 / 324쪽 / 18,000원

아이의 미래를 바꿔주는 **좋은 습관**
배은경 지음 / 신국판 / 216쪽 / 9,500원

**다중지능 아이의 미래를 바꾼다**
이소영 외 6인 지음 / 신국판 / 232쪽 / 11,000원

체육학 자연과학 및 사회과학 분야의 석 · 박사 학위 논문, 학술진흥재단
등재지, 등재후보지와 관련된 학회지 **논문 작성법**
하철수 · 김봉경 지음 / 신국판 / 336쪽 / 15,000원

**공부가 제일 쉬운 공부 달인 되기**
이은승 지음 / 신국판 / 256쪽 / 10,000원

길흉화복 꿈풀이 비법  백운산 지음 / 신국판 / 410쪽 / 12,000원
새천년 작명컨설팅  정재원 지음 / 신국판 / 492쪽 / 13,900원
백운산의 신세대 궁합  백운산 지음 / 신국판 / 304쪽 / 9,500원
동자삼 작명학  남시모 지음 / 신국판 / 496쪽 / 15,000원
구성학의 기초  문길여 지음 / 신국판 / 412쪽 / 12,000원
소울음소리  이건우 지음 / 신국판 / 314쪽 / 10,000원

## 법률 일반

**여성을 위한 성범죄 법률상식**
조명원(변호사) 지음/ 신국판 / 248쪽 / 8,000원

**아파트 난방비 75% 절감방법**
고영근 지음 / 신국판 / 238쪽 / 8,000원

**일반인이 꼭 알아야 할 절세전략 173선**
최성호(공인회계사) 지음 / 신국판 / 392쪽 / 12,000원

**변호사와 함께하는 부동산 경매**
최환주(변호사) 지음 / 신국판 / 404쪽 / 13,000원

**혼자서 쉽고 빠르게 할 수 있는 소액재판**
김재용 · 김종철 공저 / 신국판 / 312쪽 / 9,500원

**"술 한 잔 사겠다"는 말에서 찾아보는 채권 · 채무**
변환철(변호사) 지음 / 신국판 / 408쪽 / 13,000원

**알기쉬운 부동산 세무 길라잡이**
이건우(세무서 재산계장) 지음 / 신국판 / 400쪽 / 13,000원

**알기쉬운 어음, 수표 길라잡이**
변환철(변호사) 지음 / 신국판 / 328쪽 / 11,000원

**제조물책임법**
강동근(변호사) · 윤종성(검사) 공저 / 신국판 / 368쪽 / 13,000원

**알기 쉬운 주5일근무에 따른 임금 · 연봉제 실무**
문강분(공인노무사) 지음 / 4×6배판 변형 / 544쪽 / 35,000원

**변호사 없이 당당히 이길 수 있는 형사소송**
김대환 지음 / 신국판 / 304쪽 / 13,000원

**변호사 없이 당당히 이길 수 있는 민사소송**
김대환 지음 / 신국판 / 412쪽 / 14,500원

**혼자서 해결할 수 있는 교통사고 Q&A**
조명원(변호사) 지음 / 신국판 / 336쪽 / 12,000원

**알기 쉬운 개인회생 · 파산 신청법**
최재구(법무사) 지음 / 신국판 / 352쪽 / 13,000원

## 생활법률

**부동산 생활법률의 기본지식**
대한법률연구회 지음 / 김원중(변호사) 감수 / 신국판 / 472쪽 / 13,000원

**고소장 · 내용증명 생활법률의 기본지식**
하태웅(변호사) 지음 / 신국판 / 440쪽 / 12,000원

**노동 관련 생활법률의 기본지식**
남동희(공인노무사) 지음 / 신국판 / 528쪽 / 14,000원

**외국인 근로자 생활법률의 기본지식**
남동희(공인노무사) 지음 / 신국판 / 400쪽 / 12,000원

**계약작성 생활법률의 기본지식**
이상도(변호사) 지음 / 신국판 / 560쪽 / 14,500원

**지적재산 생활법률의 기본지식**
이상도(변호사) · 조의제(변리사) 공저 / 신국판 / 496쪽 / 14,000원

**부당노동행위와 부당해고 생활법률의 기본지식**
박영수(공인노무사) 지음 / 신국판 / 432쪽 / 14,000원

**주택 · 상가임대차 생활법률의 기본지식**
김운용(변호사) 지음 / 신국판 / 480쪽 / 14,000원

**하도급거래 생활법률의 기본지식**
김진홍(변호사) 지음 / 신국판 / 440쪽 / 14,000원

**이혼소송과 재산분할 생활법률의 기본지식**
박동섭(변호사) 지음 / 신국판 / 460쪽 / 14,000원

**부동산등기 생활법률의 기본지식**
정상태(법무사) 지음 / 신국판 / 456쪽 / 14,000원

**기업경영 생활법률의 기본지식**

안동섭(단국대 교수) 지음 / 신국판 / 466쪽 / 14,000원

**교통사고 생활법률의 기본지식**
박정무(변호사) · 전병찬 공저 / 신국판 / 480쪽 / 14,000원

**소송서식 생활법률의 기본지식**
김대환 지음 / 신국판 / 480쪽 / 14,000원

**호적 · 가사소송 생활법률의 기본지식**
정주수(법무사) 지음 / 신국판 / 516쪽 / 14,000원

**新상속과 세금 생활법률의 기본지식**
박동섭(변호사) 지음 / 신국판 / 492쪽 / 14,500원

**담보 · 보증 생활법률의 기본지식**
류창호(법학박사) 지음 / 신국판 / 436쪽 / 14,000원

**소비자보호 생활법률의 기본지식**
김성천(법학박사) 지음 / 신국판 / 504쪽 / 15,000원

**판결 · 공정증서 생활법률의 기본지식**
정상태(법무사) 지음 / 신국판 / 312쪽 / 13,000원

**산업재해보상보험 생활법률의 기본지식**
정유석(공인노무사) 지음 / 신국판 / 384쪽 / 14,000원

## 처 세

**성공적인 삶을 추구하는 여성들에게 우먼파워**
조안 커너 · 모이라 레이너 공저 / 지창영 옮김
신국판 / 352쪽 / 8,800원

**聽 이익이 되는 말 話 손해가 되는 말**
우메시마 미요 지음 / 정성호 옮김 / 신국판 / 304쪽 / 9,000원

**부자들의 생활습관 가난한 사람들의 생활습관**
다케우치 야스오 지음 / 홍영의 옮김 / 신국판 / 320쪽 / 9,800원

**코끼리 귀를 당긴 원숭이-히딩크식 창의력을 배우자**
강충인 지음 / 신국판 / 208쪽 / 8,500원

**성공하려면 유머와 위트로 무장하라**
민영욱 지음 / 신국판 / 292쪽 / 9,500원

**등소평의 오뚝이전략**  조창남 편저 / 신국판 / 304쪽 / 9,500원

**노무현 화술과 화법을 통한 이미지 변화**
이현정 지음 / 신국판 / 320쪽 / 10,000원

**성공하는 사람들의 토론의 법칙**
민영욱 지음 / 신국판 / 280쪽 / 9,500원

**사람은 칭찬을 먹고산다**  민영욱 지음 / 신국판 / 268쪽 / 9,500원

**사과의 기술**  김농주 지음 / 신국판 변형 양장본 / 200쪽 / 10,000원

**취업 경쟁력을 높여라**  김농주 지음 / 신국판 / 280쪽 / 12,000원

**유비쿼터스시대의 블루오션 전략**
최양진 지음 / 신국판 / 248쪽 / 10,000원

**나만의 블루오션 전략-화술편**
민영욱 지음 / 신국판 / 254쪽 / 10,000원

**희망의 씨앗을 뿌리는 20대를 위하여**
우광균 지음 / 신국판 / 172쪽 / 8,000원

**끌리는 사람이 되기위한 이미지 컨설팅**
홍순아 지음 / 대국전판 / 194쪽 / 10,000원

**글로벌 리더의 소통을 위한 스피치**
민영욱 지음 / 신국판 / 328쪽 / 10,000원

**오바마처럼 꿈에 미쳐라**  정영순 지음 / 신국판 / 208쪽 / 9,500원

**여자 30대, 내 생애 최고의 인생을 만들어라**
정영순 지음 / 신국판 / 256쪽 / 11,500원

**인맥의 달인을 넘어 인맥의 神이 되라**
서필환 · 봉은희 지음 / 신국판 / 304쪽 / 12,000원

**아임 파인(I'm Fine!)**
오오카와 류우호오 지음 / 4×6판 / 152쪽 / 8,000원

**미셸 오바마처럼 사랑하고 성공하라**
정영순 지음 / 신국판 / 224쪽 / 10,000원

## 명 상

**명상으로 얻는 깨달음**
달라이 라마 지음 / 지창영 옮김 / 국판 / 320쪽 / 9,000원

## 어 학

**2진법 영어**  이상도 지음 / 4×6배판 변형 / 328쪽 / 13,000원

**한 방으로 끝내는 영어**  고제윤 지음 / 신국판 / 316쪽 / 9,800원

**한 방으로 끝내는 영단어**  김승엽 지음 / 김수경 · 카렌다 감수 /
4×6배판 변형 / 236쪽 / 9,800원

**해도해도 안 되던 영어회화 하루에 30분씩 90일이면 끝낸다**
Carrot Korea 편집부 지음 / 4×6배판 변형 / 260쪽 / 11,000원

**바로 활용할 수 있는 기초생활영어**
김수경 지음 / 신국판 / 240쪽 / 10,000원

**바로 활용할 수 있는 비즈니스영어**
김수경 지음 / 신국판 / 252쪽 / 10,000원

**생존영어55**  홍일록 지음 / 신국판 / 224쪽 / 8,500원

**필수 여행영어회화**  한현숙 지음 / 4×6판 변형 / 328쪽 / 7,000원

**필수 여행일어회화**  윤영자 지음 / 4×6판 변형 / 264쪽 / 6,500원

**필수 여행중국어회화**  이은진 지음 / 4×6판 변형 / 256쪽 / 7,000원

**영어로 배우는 중국어**  김승엽 지음 / 신국판 / 216쪽 / 9,000원

**필수 여행스페인어회화**  유연창 지음 / 4×6판 변형 / 288쪽 / 7,000원

**바로 활용할 수 있는 홈스테이 영어**
김형주 지음 / 신국판 / 184쪽 / 9,000원

**필수 여행러시아어회화**  이은수 지음 / 4×6판 변형 / 248쪽 / 7,500원

## 여 행

**우리 땅 우리 문화가 살아 숨쉬는 옛터**
이형권 지음 / 대국전판 올컬러 / 208쪽 / 9,500원

**아름다운 산사**  이형권 지음 / 대국전판 올컬러 / 208쪽 / 9,500원

**맛과 멋이 있는 낭만의 카페**
박성찬 지음 / 대국전판 올컬러 / 168쪽 / 9,900원

**한국의 숨어 있는 아름다운 풍경**
이종원 지음 / 대국전판 올컬러 / 208쪽 / 9,900원

**사람이 있고 자연이 있는 아름다운 명산**
박기성 지음 / 대국전판 올컬러 / 176쪽 / 12,000원

**마음의 고향을 찾아가는 여행 포구**
김인자 지음 / 대국전판 올컬러 / 224쪽 / 14,000원

**생명이 살아 숨쉬는 한국의 아름다운 강**
민병준 지음 / 대국전판 올컬러 / 168쪽 / 12,000원

**틈나는 대로 세계여행**
김재관 지음 / 4×6배판 변형 올컬러 / 368쪽 / 20,000원

**풍경 속을 걷는 즐거움 명상 산책**
김인자 지음 / 대국전판 올컬러 / 224쪽 / 14,000원

**3.3.7 세계여행**
김완수 지음 / 4×6배판 변형 올컬러 / 280쪽 / 12,900원

## 레포츠

**수열이의 브라질 축구 탐방 삼바 축구, 그들은 강하다**
이수열 지음 / 신국판 / 280쪽 / 8,500원

**마라톤, 그 아름다운 도전을 향하여**
빌 로저스 · 프리실라 웰치 · 조 헨더슨 공저 /
오인환 감수 / 지창영 옮김 / 4×6배판 / 320쪽 / 15,000원

**인라인스케이팅 100%즐기기**
임미숙 지음 / 4×6배판 변형 / 172쪽 / 11,000원

**스키 100% 즐기기**
김동환 지음 / 4×6배판 변형 / 184쪽 / 12,000원

**태권도 총론**
하웅의 지음 / 4×6배판 / 288쪽 / 15,000원

**수영 100% 즐기기**
김종만 지음 / 4×6배판 변형 / 248쪽 / 13,000원

**건강을 위한 웰빙 걷기**
이강옥 지음 / 대국전판 / 280쪽 / 10,000원

**쉽고 즐겁게! 신나게! 배우는 재즈댄스**
최재선 지음 / 4×6배판 변형 / 200쪽 / 12,000원

**해양스포츠 카이트보딩**
김남용 편저 / 신국판 올컬러 / 152쪽 / 18,000원

## 골 프

**퍼팅 메커닉**
이근택 지음 / 4×6배판 변형 / 192쪽 / 18,000원

**아마골프 가이드**
정영호 지음 / 4×6배판 변형 / 216쪽 / 12,000원

**골프 100타 깨기**
김준모 지음 / 4×6배판 변형 / 136쪽 / 10,000원

**골프 90타 깨기**
김광섭 지음 / 4×6배판 변형 / 148쪽 / 11,000원

**KLPGA 최여진 프로의 센스 골프**
최여진 지음 / 4×6배판 변형 올컬러 / 192쪽 / 13,900원

**KTPGA 김준모 프로의 파워 골프**
김준모 지음 / 4×6배판 변형 올컬러 / 192쪽 / 13,900원

**골프 80타 깨기**
오태훈 지음 / 4×6배판 변형 / 132쪽 / 10,000원

**신나는 골프 세상**
유용열 지음 / 4×6배판 변형 올컬러 / 232쪽 / 16,000원

**이신 프로의 더 퍼펙트**
이신 지음 / 국배판 / 336쪽 / 28,000원

**주니어출신 박영진 프로의 주니어골프**
박영진 지음 / 4×6배판 변형 올컬러 / 164쪽 / 11,000원

**골프손자병법**
유용열 지음 / 4×6배판 변형 올컬러 / 212쪽 / 16,000원

**박영진 프로의 주말 골퍼 100타 깨기**
박영진 지음 / 4×6배판 변형 올컬러 / 160쪽 / 12,000원

**10타 줄여주는 클럽 피팅**
현세웅 · 서주석 공저 / 4×6배판 변형 / 184쪽 / 15,000원

**단기간에 싱글이 될 수 있는 원포인트 레슨**
권용진 · 김준모 지음 / 4×6배판 변형 올컬러 / 152쪽 / 12,500원

**이신 프로의 더 퍼펙트 쇼트 게임**
이신 지음 / 국배판 올컬러 / 248쪽 / 20,000원

## 여성실용

**결혼준비, 이제 놀이가 된다**  김창규 · 김수경 · 김정철 지음
4×6배판 변형 올컬러 / 230쪽 / 13,000원

미셸 오바마처럼
사랑하고 성공하라

2009년 3월 15일 제1판 1쇄 발행
2009년 6월 15일 제1판 2쇄 발행

지은이/정영순
펴낸이/강선희
펴낸곳/가림출판사

등록/1992. 10. 6. 제4-191호
주소/서울시 광진구 구의동 57-71 부원빌딩 4층
대표전화/458-6451    팩스/458-6450
홈페이지/www.galim.co.kr
전자우편/galim@galim.co.kr

값  10,000원

ⓒ 정영순, 2009

저자와의 협의하에 인지를 생략합니다.



ISBN  978-89-7895-314-6  13320